棒球教学系列丛书

棒球专项身体训练
金标教程

〔日〕铃木雅　　〔日〕星野真澄　编
〔日〕益子泰雅　〔日〕前田明
中国棒球协会　编译

人民体育出版社

版权声明

书名：《故障リスクの少ない野球選手の体づくり》

作者：铃木雅，星野真澄，益子泰雅，前田明

Copyright © Think Fitness, BASEBALL MAGAZINE-SHA Co., Ltd, 2020

KOSHO RISK NO SUKUNAI YAKYU SENSHU NO KARADAZUKURI by Masashi Suzuki, Masumi Hoshino, Yasumasa Mashiko, Akira Maeda

All rights reserved.

Original Japanese edition published by BASEBALL MAGAZINE-SHA Co., Ltd, Tokyo.

This Simplified Chinese edition is published by arrangement with BASEBALL MAGAZINE-SHA Co., Ltd, Tokyo.

Chinese (Simplified Character only) translation rights © 2023 People's Sports Publishing House.

北京市版权局著作权合同登记号 图字：01-2024-2939 号

图书在版编目（CIP）数据

棒球专项身体训练金标教程 /（日）铃木雅等编；中国棒球协会编译. -- 北京：人民体育出版社，2024.（棒球教学系列丛书）. -- ISBN 978-7-5009-6556-5

Ⅰ. G848.12

中国国家版本馆 CIP 数据核字第 202489810Q 号

编 （日）铃木雅 （日）星野真澄 （日）益子泰雅 （日）前田明
编 译 中国棒球协会
责任编辑 李凡

人民体育出版社发行
地址：北京市东城区体育馆路 8 号　邮编：100061
电话：67151482（发行部）　67118491（邮购部）　67151483（传真）
网址：www.psphpress.com
新华书店经销
天津中印联印务有限公司印刷
2024 年 12 月第 1 版
2024 年 12 月第 1 次印刷
开本：880×1230　1/32　印张：4.5
字数：166 千字　　印数：1—3,000 册
标准书号：ISBN 978-7-5009-6556-5
定价：40.00 元

丛书编译委员会

主任： 陈　旭

委员： 许　勇　岛林学步　伞　硕

本书编译组

（按姓氏笔画排序）

连　冠　　陆　昀　　胡　凯　　梁　培

前　言

　　参与体育运动时应该锻炼身体的哪些肌肉？又应该如何进行训练？这对于运动员来说是永恒的课题。运动员进行训练主要有两个目的："提高动作表现"和"塑造免受伤害的身体"。在棒球运动中，关于训练（特别是负重的力量训练）与提高运动表现之间的关系存在很多争论。比如棒球选手是否应该进行肌肉训练？增肌还是不增肌？等等。

　　本书的目的并不是解决是否有必要进行肌肉训练的争论。本书的主题是"塑造免受伤害的身体"，这是提高运动表现的基础。

　　人体最大的骨关节是膝关节。从活动范围来看，肩关节的活动范围最大，其次是髋关节。关节活动得越多，承受的负荷就会越大，受伤的可能性就会越大。身体哪些肌肉处于疲劳状态？哪些部位经常受伤？这些问题可能是身体的某些部位肌肉较弱，或者自身的习惯性动作导致的。简而言之，就是"身体的使用平衡好坏"。

　　这种"平衡"有很多组合，对它进行干预矫正，可以预防运动损伤。

例如，如果髋关节不能顺畅地活动的话，臀部肌肉或者腘绳肌（股二头肌、半膜肌和半腱肌）等肌肉就无法正常运用。在动作中，这不仅会使下半身出现问题，对手腕或者其他部位也会产生影响。

提高肌肉的功能，并不意味着进行盲目的训练。即使获得强大的力量，如果使用方法不当，也会本末倒置。重要的是了解为什么需要这种力量，以及通过什么方法可以有效地获得所需力量。

本书以"投球手"为中心，讨论身体的各个部位。整本书是对杂志《棒球诊所》（日本棒球杂志社出版）2017年6月刊至2019年12月刊连载的《为棒球选手塑造不易受伤的身体》进行的补充和更正，并追加了新的内容。希望这本书能够为长期享受棒球乐趣的人带来些启示。

铃木雅　星野真澄

目 录

前 言 …… 4

第一章
考察！锻炼身体来减少损伤风险 …… 11
- 改善髋关节、肩胛骨的功能并矫正平衡是预防运动损伤的关键 …… 12

第二章
梨状肌·髋关节活动关键的深层肌肉 …… 19
- 梨状肌的僵硬会使髋关节的活动度受限，下肢和上肢的协调性也会变差 …… 20
- 首先自我检查 …… 22
- 通过拉伸缓解肌肉僵硬 …… 24
- 强化梨状肌 …… 26

蚌式开合 …… 26

内旋动作训练 …… 28

蹲起 …… 29

侧弓步蹲 …… 31

交替弓步蹲跳 …… 32

第三章
肩胛骨周围和肩关节·灵活性的保障及其基础训练方法 …… 33
- 保证肩胛骨周围和肩关节的柔韧很重要，这样才能有效地使用身体、灵活地摆动手臂 …… 34
- 首先掌握肩关节的状态，确认左右两边的差异 …… 36
- 通过拉伸缓解肌肉僵硬 …… 40
  ☆ 使用泡沫轴的拉伸方法 …… 40
  ☆ 深层肌的动态拉伸方法 …… 44

■ 上半身的训练思路 …… 46
俯卧撑…… 47
引体向上…… 48
单腿单臂哑铃划船…… 49
仰卧屈臂下拉…… 50

第四章
躯干・创造灵活的动作支点・…… 51
■ 运动中"核心"的重要性。收紧腹部做出强劲的动作！…… 52
• 充分利用腹部力量…… 54
☆ 有使用到"腹压"吗？…… 54
☆ 使用"腹压"的训练法…… 55
☆ 感受"腹压"的训练法…… 56
☆ 有使用到腹部吗？…… 58
☆ 腹部的训练…… 59
• 为了塑造"铜墙铁壁"…… 61
☆ 有足够的躯干（核心）力量来筑起坚固的"墙"吗？…… 61
☆ 提高"墙的力量"的训练…… 61
☆ "轴"+"旋转"的训练…… 62
• 为了追求更强的躯干（核心）…… 63
☆ 运动过程中腹部肌肉的使用得当吗？…… 63
☆ 强化"腹部力量"的训练…… 63

第五章
肩部・状态调节和训练的思路・…… 65
■ 颈部和肩部周围的状态也会影响指尖的活动 …… 66
• 保证肩部周围的柔韧性…… 68
• 热身…… 71

- ■ 肩部的训练思路…… 74

哑铃侧平举…… 75

哑铃直立划船…… 76

俯身哑铃屈臂…… 77

哑铃阿诺德推肩…… 78

第六章
下肢·创造出身体动作的"基础"·…… 79

- ■ 强化下半身的代表项目　多种蹲起动作的攻略法…… 80

基本姿势…… 81

☆ 多种蹲起动作的说明及其注意要点…… 82

- ■ 适用于棒球选手的两种下半身的训练项目…… 84

宽站距深蹲…… 85

臀推…… 86

- ■ 只是"进行训练"就够了吗？在比赛中发挥锻炼效果的注意要点…… 87

培养平衡力…… 87

调动敏捷性使锻炼出来的肌肉之间联动…… 88

第七章
上肢·肱三头肌、肱二头肌、前臂和手指·…… 89

- ■ 上肢将身体的力量传递到球上。不仅是手臂，手指的拉伸也很重要…… 90
- ■ 肱三头肌的训练…… 92

・不要执着于单纯的"练肌肉"…… 92

直立臂屈伸/法式弯举…… 92

窄距卧推…… 94

俯身臂屈伸…… 95

- ■ 肱二头肌的训练…… 96

・连带着活动肩关节的动作…… 96

8

杠铃弯举 …… 96

上斜哑铃弯举 …… 98

锤式弯举 …… 98

■ 前臂和手指的训练 …… 99

· 注意不要握得太紧 …… 99

反握腕弯举 …… 99

正握腕弯举 …… 100

卷腕 …… 101

握力器 …… 102

哑铃单手扔接 …… 102

第八章
胸部·构成胸部的肌肉调节· …… 103

■ 胸部肌肉对于投手来说很难控制。首先保证胸大肌和胸小肌的柔韧性 …… 104

■ 推荐的胸廓项目。来练习"仰卧拉举"吧 …… 107

基本姿势 …… 107

■ 挖掘胸廓的动作极限。重视联动性的活动 …… 110

单脚·单手·哑铃卧推 …… 110

速臂器卧推 …… 111

■ 运动员必须"谨慎处理"的项目。如何应对"仰卧推举" …… 112

实践时候的要点 …… 113

进行哑铃平板卧推时 …… 114

第九章
增强式训练·培养肌肉和肌腱力量的训练· …… 115

■ 将锻炼出来的肌肉与竞技表现相结合 …… 116

热身 …… 119

障碍栏跳跃 …… 119

跳箱……119

■ 设定难易度并进行阶段性成长……121

单腿跨栏跳跃……123

身体旋转 90° 跳箱……123

二段式跳箱……125

身体旋转 90° 二段式跳箱……127

用水袋负重进行深蹲起跳……127

用水袋负重进行敏捷性训练……128

第十章
最终章特别篇·向着更高阶段成长的小贴士 ……129

■ 思考投球手所需的"手指力量"……130

· 锻炼"手指力量"实践篇……135

手指引体向上……135

对于不会引体向上的人……136

米桶练习……137

■ 把力量训练当作"处方"的方法……138

向白坂契教练员请教……138

后　记……143

第一章

考察！
锻炼身体来减少损伤风险

改善髋关节、肩胛骨的功能并矫正平衡是预防运动损伤的关键

竞技体育和运动损伤是相伴的关系，棒球也不例外。不少棒球选手在手臂、肩部和腰部等部位的疼痛中进行训练。对所有运动员来说，运动损伤的预防是非常重要的话题。有什么有效的方法可以让初中生和高中生尽可能安全地打棒球？是否可以通过训练来防患于未然？首先，4位专家针对"锻炼身体，避免损伤"这一主题进行了讨论。这4位专家分别是：鹿屋体育大学运动表现研究所所长前田明、益子骨外科理事长益子泰雅、读卖巨人队原投球手星野真澄和曾在日本高中棒球队，并在健美领域处于顶峰的铃木雅选手。

髋关节和肩胛骨的灵活性对充分发挥躯干的功能起到至关重要的作用

星野选手回顾着做投球手时期的事情这样说道：

"我在做投球手的时候最注重躯干的肌肉力量。如果我想做一个动作但是手脚不能自由地做出想做的动作时，就会容易受伤。如果躯干没有处于稳定状态的话，手脚是不能活动的。因此想要让躯干处于稳定状态，就需要用到躯干的肌肉力量，也就是核心力量。首先我掌握了自己的身体在稳定状态下手臂和腿部的活动范围，然后在这个范围内我进行了一系列提高动作准确性的训练。"

我们经常会听到"核心"这一单词，简单来说就是"核心力量"的意思。泛泛地说，核心部位由腹肌、背肌和胸肌等肌肉组成。哪块肌肉会处于疲劳状态？哪里会容易受伤？铃木选手认为先掌握自己的身体状况是最重要的事。

"经常被视为问题的是髋关节深层肌肉的柔韧性。如果髂腰肌处于收缩状态，就会出现棒球中所说的'手肘偏低'的情况。最后导致手臂和肩部受伤。"（铃木）

髂腰肌包括腰大肌、髂肌和腰小肌（图1）。髂腰肌是连接身体上半身和下半身的肌肉群，与体育运动中的动作姿势有着很大的关联。髂腰肌处于非常僵硬的状态时，上半身和下半身的灵活性就会变差，连带着肩胛骨周围的肌肉也会变硬，从而导致肩关节的活动范围受限，投球时手臂偏低的结果。

第一章　考察！锻炼身体来减少损伤风险

"肩胛骨周围的肌肉变硬的话，脊柱会逐渐变弯，形成驼背。驼背又使肩胛骨周围的灵活性变低，肩关节活动受阻，手臂就无法抬到应有的高度。不仅如此，髋关节的深层肌肉与下肢神经紧挨。梨状肌挛缩的话，足部也会感到不适。患有椎间盘突出的人经常会说自己'足部发麻'，'脚底没有知觉'。在上半身中，神经从大脑通过颈椎连接到指尖。投球手经常说'投球时逐渐失去指尖的知觉了'，原因就是腋下或者肩胛骨周围的肌肉僵硬，导致神经的通道变窄了。

"投球时髋关节变硬的话，会需要借助膝关节周围的肌肉力量。因为肩胛骨不会活动，就需要（上半身的）手、肘的力量。如此一来，躯干的功能得不到应有的发挥，这些负担会被转移到手腕上。因此髋关节的周围和肩胛骨周围肌肉的柔韧性是非常重要的。"（铃木）

预防运动损伤的关键是髋关节和肩胛骨的灵活性。梨状肌和髂腰肌是髋关节的重要组成部分。益子骨外科的益子理事长进行如下解释。

"如果进行关节承受范围外的动作，就会给关节造成很大的负担，变得容易受伤。对于髋关节来说，骨盆充分发挥作用的关键是梨状肌的柔韧度。另外，我们经常说'灵活地运用肩胛骨周围的肌肉吧'，但是和骨与骨间有韧带的其他关节不同，肩关节是由肱骨头和肩胛骨的关节盂组成的球窝关节。也就是说骨头之间是分离的状态（图2）。从物理结构上来说，做投球动作时，肩胛骨需要朝下，手臂才能举起来。还有前锯肌也在上举动作中发挥作用。只有前锯肌拥有一定程度的力量，并且肩胛骨可以向下回旋，手臂可以从上向下地挥动，否则

图1

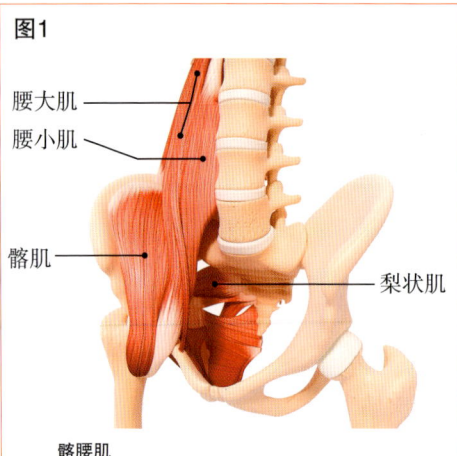

- 腰大肌
- 腰小肌
- 髂肌
- 梨状肌

髂腰肌
　　由腰大肌、髂肌和腰小肌组成，分布在腰椎两侧和骨盆内侧。这块肌肉可屈、外旋髋关节。远固定时，收缩单侧肌可以转身，收缩两侧肌可以使躯干前屈。髂腰肌是走路和保持姿势的重要肌肉。

梨状肌
　　位于盆腔内部，是连接骶骨盆面和股骨大转子的肌肉。骶骨固定时，可以旋转或外展髋关节。下固定时，两侧肌肉同时收缩可以使骨盆后倾。

图2

- 肱骨头
- 关节盂

肩关节
　　是肱骨头（关节头）和肩胛骨的关节盂形成的球窝关节。附着在肩胛骨关节窝外缘的盂唇可以增加关节活动范围。其周围有固定关节的韧带和肌腱连接。

就会造成所谓的'超过活动范围'的动作。"

　　预防运动损伤的关键不仅是动作，还有对肌肉力量平衡的矫正。研究运动表现的前田教授是这样说的。

　　"我看到许多选手遭遇到最多的运动损伤就是大腿内侧的拉伤以及肩部的伤病。我认为大腿内侧的拉伤是可以预防的。大多数情况下，下肢伸展（膝关节伸直）的肌肉力量比下肢屈曲（膝关节弯曲）的肌肉力量要强。如果把下肢伸展的肌肉力量看作100，那么下肢屈曲时的力量没达到60的话，就容易引发损伤。"

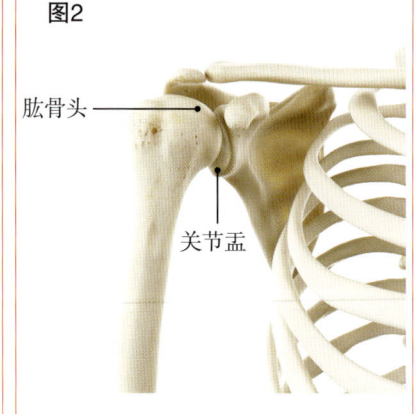

　　另外，大体型和大体重的选手比较容易拉伤。体重大的人，落地时受到的反作用力的冲击也会变大，因此负责缓冲这个冲击的大腿前侧肌肉，也就是下肢伸展的肌肉力量会变强。

　　"由于上述原因，大腿后侧的肌肉力量强度就会跟不上大腿前侧的肌肉力量强度，从而容易受伤。做冲刺跑的时候，大腿前侧的肌肉力量也会变强。针对这个现象，能够在训练时做到的改善动作就是倒跑。这个动作主要是大腿内侧肌肉在活动。器械训练中使用腿弯举训练大腿后侧肌肉可以减少拉伤的次数。这是矫正肌肉平衡起到了作用。"

运动损伤的原因是过度投球而导致的动作姿势走样

棒球投球时会有一个特有的"扭转动作"。在"美职棒大联盟"中,一般情况下,首发投球手在1场比赛里的投球数会在100次左右,比赛间隔4天。在日本比赛一般间隔6天,投手在1场比赛里的投球数比"美职棒大联盟"多,会投球120～130次。投球次数的增加对投球姿势有什么影响?前田教授在鹿屋体育大学做了这项实验。

"实验结果表明即使投球100次,球速也不会有太大的变化。那么变化的是什么?那就是投球姿势的结构。投球的次数变多后,投球时出脚的时机会变早,也就是说'骨盆的动作变早'。据推测可能是因为体力消耗后,身体无法做出棒球特有的扭转动作,形成'骨盆的动作变早'。即使动作不规范但仍能保证球速的原因可能是使用手臂力量代替去投球了。因此会给肩部和手肘带来负担,引起疼痛。如果能保证下半身肌肉的持久力,可以维持投球姿势的话,或许可以减轻肩部的负担。按照这个思路,下肢的训练可以预防肩部的损伤。"

脚落地、扭腰、带动上半身转动……这一系列的投球动作里,骨盆过早活动但动作停止的话,会给上肢带来很大的负担。另外,骨盆打开会让下半身向外侧施力,容易形成O型腿。像铃木选手这样,也就是健美选手和力量提升者,如果是O型腿的人在训练中会更容易受伤。

"O型腿的人由于无法用内收肌收紧骨盆,做动作时身体会打开。此外,由于腿无法垂直向上抬起,髂腰肌也往往较弱。我自己因为打棒球的习惯,现在也是O型腿,左髋关节也容易疼痛。这是因为左侧的梨状肌僵硬,活动范围受限。如果髋关节不能顺畅活动,臀部肌肉和腘绳肌(大腿后侧)等功能就会被限制。人体很少做'直线运动',通常会伴随着身体的扭转。身体展开、躯体直线运动时,手腕、手肘等部位就不得不进行扭转,从而导致疼痛。"

▲棒球选手会经常重复朝一个方向做扭转的动作,这样会容易产生身体左右的肌肉力量和柔韧性的不平衡。

因为棒球的动作特性而产生的身体上的左右差距

棒球就是投掷和击打的运动。因其技术动作要求朝同一方向重复做扭转动作，所以身体一定会产生左右侧的不平衡。有很多选手即使采取直立姿势也会有身体左右的差别。并且棒球还有很多竞技特有的复杂动作，可以推测选手很难保持身体前后、左右的平衡。

"我在高中时期打棒球时，一直用右手投球，现在依然能感受到身体的不平衡。明显感受到腰部左侧肌肉总是很紧，左腿的蹬踏力量比右腿要弱。

原因还是左侧梨状肌僵硬。此外，臀中肌和背阔肌靠筋膜相连，肌肉动作是连动的。如果臀中肌变硬，连接肌肉的筋膜会被拉扯，从而引发腰痛。

左右有差异的人在训练的时候也会比较容易受伤。比如，惯用右手的人会有使用右侧的倾向。在这个状态下进行蹲起时，左侧腰部就会疲劳，进而左膝关节会疼痛。而且为了保持

铃木雅
"世界健美冠军，Gold's Gym高级教练员"

"髋关节周围和肩胛骨周围的肌肉的柔韧性是非常重要的，对躯干功能的发挥有重要影响。"

星野真澄
"读卖巨人队原投球手"

"如果四肢不能自由地做出想做的动作，那么受伤的概率就会变高。"

第一章　考察！锻炼身体来减少损伤风险

平衡会抬高右侧肩胛骨，左肩就会顺势降低，左侧颈部就会产生疼痛。通过对梨状肌、臀中肌和内收肌的拉伸和训练，就可以改善髋关节的机能，蹲起动作也会变得更流畅。"（铃木）

"在对如何纠正身体左右肌肉的力量差距这一问题上有2种意见。一种认为应该先强化惯用的肌肉，相对地增强肌肉力量较弱的一面。另一种认为要强化肌肉力量弱的一面，两面的力量应该同时增强。从我个人的观点来说，我认为职业选手的精神力很强，因此他们会锻炼惯用的肌肉来达到目的，只要把另一面肌肉练到同样的强度就能有很好的效果。但是初中生和高中生在锻炼的过程中很容易失去信心。所以这个年纪的选手还是平衡了左右的肌肉力量之后，再将两侧同时锻炼出想要的效果比较好。"（益子）

在实际生活中，益子理事长在埼玉县川口市的小学进行健康检查时，会检查小学生的蹲起动作。因而发现了很多髋关节僵硬的小学生。

"坐骨神经位于梨状肌的后侧。较

前田明
"鹿屋体育大学运动表现研究所所长"

"投球次数的增加对球速的变化几乎没有影响。但会改变投球姿势的结构。"

益子泰雅
"益子骨外科理事长"

"感到较深位置的腰痛的原因可能是'梨状肌综合征'。梨状肌是重要的深层肌肉。"

深位置的腰痛症状的原因可能是'梨状肌综合征'。如果出现这种情况，就无法流畅地做出动作。所以梨状肌是非常重要的深层肌肉。"

预防运动损伤的关键在于对自己身体的准确分析

综上，预防运动损伤的关键是髋关节和肩胛骨的柔韧性，对于髋关节来说，梨状肌非常重要。那么针对这些又有哪些对策呢？

"就像铃木选手所说的，拉伸是预防梨状肌综合征最适合的方法。从预防的角度来看，肌肉拉伸是非常重要的。前'美职棒大联盟'的选手 Ichiro（铃木一朗）也是因为这个理由，进行长时间的拉伸。"（益子）

"一个简单的自我分析方法是，坐在平坦的椅子上时注意自己是偏向左侧还是右侧。惯用右手的人通常只会偏向右侧坐，这种情况往往意味着左侧髋关节功能不佳。大多数情况下，骨盆的错位会影响到肩胛骨周围肌肉的僵硬。因此，建议先从骨盆周围开始矫正，再拉伸上半身僵硬的肌肉。人体的动作是相互关联的，所以应该从骨盆、髋关节开始让它们协调运动。相比于让骨盆后倾，保持骨盆立直会更有助于肩胛骨的活动。同时，身体是通过扭转来运作的，调整下半身朝更易扭转的方向移动也非常重要。"（铃木）

要塑造免受损伤的身体，首先要做的是对自己身体的分析，比如髋关节之类的部位的肌肉是否强劲等。为了追求更好的成绩，必须获得强壮的身体。从下一章开始，将会给大家介绍自我判断的方法、拉伸和训练方法以及具体的改善方法。

▲如果把下肢伸展的肌肉力量看作100，那么下肢屈曲力量没达到60的话，就容易引发腘绳肌的拉伤。这是我们想预防的运动损伤之一。

第二章

梨状肌

·髋关节活动关键的深层肌肉·

梨状肌的僵硬会使髋关节的活动度受限，下肢和上肢的协调性也会变差

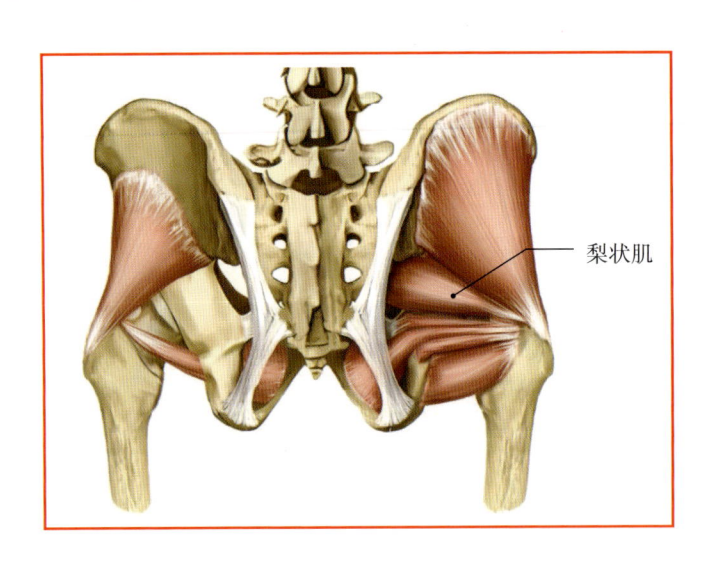

梨状肌

在上一章中，我们讨论了培养髋关节和肩胛骨的柔韧性对"塑造免受运动损伤的身体"的重要作用。髋关节活动的关键是梨状肌。梨状肌对运动员来说是非常重要的深层肌肉，可以控制下肢"内旋"和"外旋"。在髋关节活动时发挥着重要作用。

在棒球等竞技体育中，尤为重视下肢活动的力量如何传导到上半身这一问题。梨状肌也有着将下肢力量传导至上肢的作用。梨状肌的僵硬必然会导致髋关节无法正常活动，下肢和上肢的协调性也会变差。

相反，如果梨状肌处于柔软的状态，那么髋关节的活动会变得流畅，运动表现也会得到改善。

此外，棒球是一项"扭转动作"很多的运动。连接下肢和上肢的深层肌肉的重要性体现在，使用下肢浅层肌肉发力支撑后，做出"上半身扭转"动作时。像梨状肌这种位于髋关节的深层肌肉如果不能灵活地做出动作，"下肢支撑上半身扭转"的动作质量就会下降。反过来说，充分锻炼梨状肌，上半身就能做出更有力量的扭转动作。

还有，梨状肌不仅关系到髋关节的内旋和外旋，还对脚底的感觉或出

脚姿势有重要影响。梨状肌挛缩的话，位于梨状肌正面的臀中肌等肌肉就会僵硬，髋关节本身就更加无法活动。相反，如果保持梨状肌的柔韧性，髋关节的活动会变得流畅，就可以预防运动损伤。

虽然说梨状肌很重要，但是梨状肌位于眼睛看不到，手也摸不到的臀部的里侧，所以很难意识到去锻炼梨状肌。想要锻炼梨状肌，首先需要了解肌肉的状态。即自己的梨状肌是僵硬的状态还是柔软灵活的状态。这里我们会介绍评估梨状肌僵硬程度的方法，缓解僵硬的拉伸方法以及训练方法。

髋关节的"内旋"和"外旋"

内旋指的是双腿向内侧扭转的动作。外旋指的是双腿向外侧扭转的动作。

如果梨状肌僵硬，那么就无法灵活地做出这两个动作。

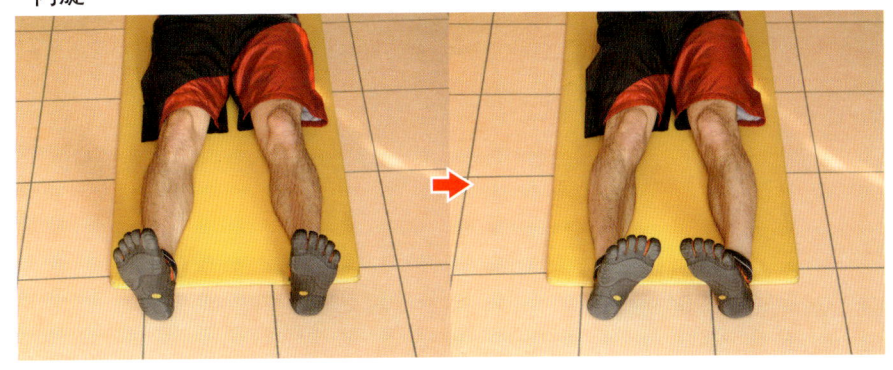

· 内旋

· 外旋

首先自我检查

针对不易感知到的梨状肌,下面的方法可以了解自己的左、右梨状肌的差异。

正确

仰卧位平躺,将腿摆正向上抬起并抱住膝关节。做这个动作时,如果感受到左腿和右腿的活动和感觉有差异,那么一侧的梨状肌很可能处于僵硬状态。

内旋方向僵硬

抱住膝关节时腿无法摆正,说明梨状肌是僵硬的。如图中这样,膝关节容易向外侧的话,就说明髋关节内旋方向僵硬。

正确

俯卧位平躺,将膝关节弯曲,脚腕立起来(背屈)。保持这个姿势,放松臀部,检查双腿开合程度是否相同。

外旋方向僵硬

如果双腿有一侧很难展开,那么这一侧(图中的右腿)的梨状肌很可能是僵硬的。

医生的观点　"实际情况是,大多数人并未意识到梨状肌的挛缩状态"

"髋关节的深层肌肉还包括闭孔内肌和闭孔外肌等肌肉,但是梨状肌与这些肌肉不同,梨状肌形状更长也更厚,具有很强的力量,是强有力的深层肌肉。若梨状肌挛缩,双腿的内旋和外旋就会不灵活。虽然大部分人的梨状肌都很僵硬,但是由于梨状肌容易被忽视,所以很多人不会在意这个肌肉的僵硬。通过这种检查方法感受自己身体的左右差异吧。微小的差异不易被感知,所以推荐寻求他人帮助,观察动作。"(益子泰雅)

第二章 梨状肌·髋关节活动关键的深层肌肉·

正确

内旋方向僵硬

坐正，让骨盆处于中立位。膝关节向内侧扣，保持放松。左右侧内扣程度相差不多表示没有问题。

如果膝关节不能向内扣，或者左右的活动度或感觉上有差异，可能是梨状肌僵硬的表现。

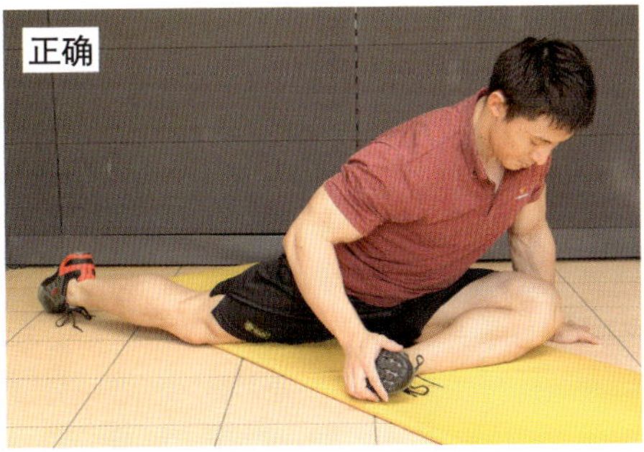

正确

外旋方向僵硬

屈髋、屈膝呈 90°，胸部挺直向前下压。

如果梨状肌僵硬的话，无法挺直胸部，会呈驼背状弯曲。

体育科学研究者的观点　　"负责保持大肌群运动中的平衡"

"髋关节的运动十分复杂，周围多种肌肉共同作用。大肌肉有股四头肌、股二头肌和臀大肌等。这些肌肉在投球或跑步的动作中非常活跃。梨状肌就是在深部支撑这些肌肉活动的肌肉，保持大肌肉活动的平衡。选手们应多注意髋关节周围的状态调节。顶尖选手不仅要注意这些大肌肉，还要关注梨状肌的状态。一般来说只要注意髋关节周围肌肉的拉伸，再加上一些专门的梨状肌拉伸和锻炼，就能改善髋关节的状态，消除活动时身体的左右侧差异。"（前田明）

23

通过拉伸缓解肌肉僵硬

确认了肌肉状态后，我们可以通过拉伸来缓解梨状肌的僵硬。拉伸动作应以感受到"肌肉的伸展"和"关节的活动"为止。一个动作尽可能保持 20 秒左右。关节周围有本体感受器官感受"本体感觉"，如果这些器官不够发达，那么会很难感受到"肌肉的伸展"或者"关节的活动"。所以有必要做一些拉伸训练，坚持拉伸会培养本体感觉，更容易获得做动作时的感觉反馈。

充分认识到"哪一部分肌肉在拉伸""哪一个关节在活动"是非常重要的。不过要注意的是，拉伸时间超过 2～3 分钟肌肉就会松弛过度。拉伸一般从僵硬的一侧开始，两侧都要进行。

外旋方向的改善

俯卧位，单腿向外伸展，想象"趴着的一字马"的姿势。膝关节和髋关节呈直角，膝关节紧贴地面，上身挺直。之后保持骨盆的中立位，扭转上半身使同侧肩关节着地，感受脊椎的拉伸。

内旋方向的改善①

一侧腿伸直，脚腕立起来。抬起上半身，另一侧腿屈髋、屈膝，跨过伸直腿的膝关节。上半身扭转拉伸臀部肌肉。下半身与扭转方向对拉。

体育科学研究者的观点
"影响动作的灵活性"

"因为打棒球的时候'扭转身体投掷的动作'要多次重复，左右动作的平衡会因重心的偏向被破坏。棒球比起其他竞技运动更容易产生这种左右的差异，正因如此才更要注意髋关节左右的差异。

我建议检查左右梨状肌的僵硬程度。一侧肌肉僵硬，另一侧肌肉柔软可能会影响动作的灵活性。为了防止这种事情发生，重要的事是认真地拉伸，使两侧都能灵活地做出动作。"
（前田明）

内旋方向的改善②

将膝关节扭转到一侧,弯曲成直角,然后将另一条腿放在上面。左右两侧交换,但先做较难的一侧。

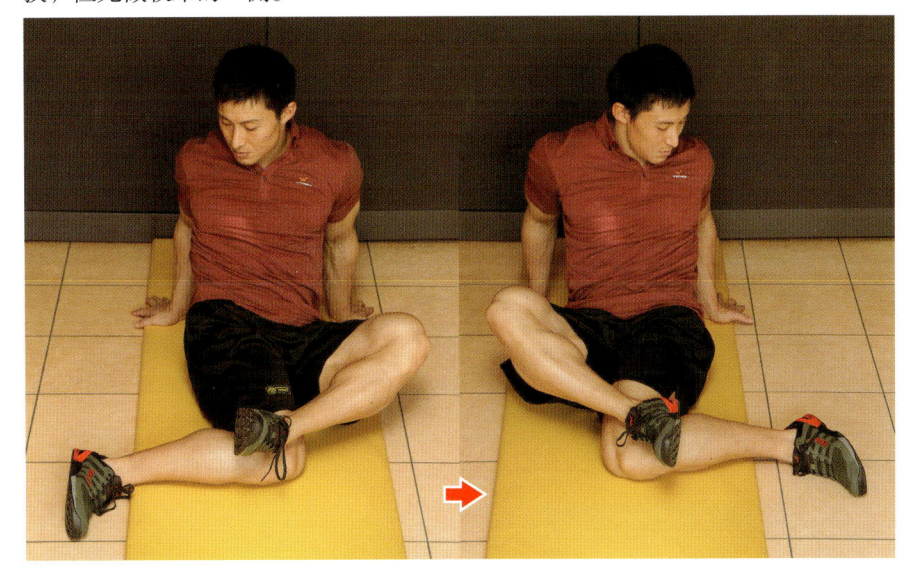

内旋方向的改善③

仰卧在垫子上,抬起膝关节并将一只手放在膝关节上,横向拉伸。将另一只手上举。这时候要注意骨盆不要过度向一侧倾斜。

医生的观点
"注意'梨状肌综合征'"

"有一种疾病叫作'梨状肌综合征'。从脊髓发出的神经通过梨状肌下方下行至足底。梨状肌会压迫神经。'梨状肌综合征'的症状是,梨状肌从上方压迫神经,引起类似于疝气的疼痛。当出现梨状肌综合征时,一般首先感受到的就是腿部麻木。

梨状肌是影响运动员表现的重要肌肉。每天检查梨状肌并培养其柔韧性将对竞技表现产生积极的影响。"(益子泰雅)

强化梨状肌

了解了左右两侧梨状肌僵硬度的差异，可以更有效地进行训练。

通过将检查梨状肌状况、拉伸训练纳入日常练习，能够有效预防损伤，塑造一个免受伤害的身体。

蚌式开合

侧卧，骨盆保持不动，微微打开双腿。头部保持不动，用臀部肌肉打开双腿。建议做2组，每组重复20~30次。

骨盆不能有大幅动作，"微微打开双腿"的程度就可以。

提高动作难度

用弹力带做相同的动作可以提高动作难度。注意抵抗弹力带的力量的动作完成时,双腿打开的程度不要过大。

有陪练时

陪练员可以轻轻给训练者的双腿增加阻力。陪练员要控制力量,配合训练者的力量增加阻力。

医生的观点　　"关注深层肌群对于维持身体状态至关重要"

"在运动中,下半身的力量是绝对的要求,它是运动的基础。下半身有很多部位,但最重要的部位是髋关节和膝关节。保持梨状肌的良好状态并进行适当的训练,也许能够减少膝关节受伤的可能性。

通常受伤的原因是需要髋关节做内旋动作,像投球等。如果髋关节深层肌肉灵活,内旋就会变得更容易。如果你的浅层肌肉强壮,外旋就会更容易。柔韧性和力量之间的平衡对于防止运动损伤很重要。

随着比赛的进行,浅层肌肉会积累疲劳。这样,你的深层肌肉的状态就成为胜负的关键。为了防止运动损伤并保持良好的运动表现,不仅要注意浅层肌肉,还要注意深层肌肉,如梨状肌。"
(益子泰雅)

内旋动作训练

将训练用弹力带缠绕在脚踝上，并向外打开双腿，内旋髋关节。运动过程中不要移动骨盆或膝关节。想象一下使用臀部肌肉"向外打开双腿"。建议做 2 组，每组 20～30 次。

有陪练时

陪练员用手施加轻微阻力，训练者抵抗阻力并打开双腿。双腿不必打开过大。陪练员要控制力量，目的只是让训练者的双腿在对抗阻力中"动起来"。

使用弹力球

使用弹力球的动作不是向外"张开"，而是向内"收紧"。这是锻炼梨状肌"内旋"功能的动作。将球夹在脚踝之间，并用臀部力量收紧球。重复"施力"—"放松"的动作。

先进行这里介绍的徒手对抗和弹力球等活动来热身，然后可以在深蹲等练习中自然地使用臀部肌肉。

蹲起

髋关节的灵活性对于运动至关重要。深蹲是训练下半身的经典运动，在进行深蹲时，应专注于臀部而不是腿部。双脚分开站立，双腿与肩同宽或稍宽于肩。背起杠铃杆，臀部（髋关节）弯曲的同时下蹲，不应从膝关节弯曲开始下蹲。

在习惯这个动作前不要增加配重。掌握动作之后，可以尝试增加配重至能举10次左右的重量。推荐一周做2次，每次2组。

体育科学研究者的观点 "影响动作的灵活性"

"梨状肌是一块与棒球特有的动作密切相关的肌肉，如'投掷'和'击打'。此外，跑垒不仅包括跑直线的动作，还包括踩垒时的变向急停、启动等动作。梨状肌在这些动作中也起到重要作用。

梨状肌僵硬会限制浅层肌肉活动，导致下半身活动受阻。这自然会影响上半身的运动表现，尤其是扭转类动作。拉伸梨状肌也会拉伸周围的肌肉，如髂腰肌和臀大肌。可以说，改善连接上半身和下半身的浅层肌肉的状态可以提高整体的运动表现。"（前田明）

目视前方,保持骨盆中立位,将臀部降低。事先用第 28 页介绍的弹力带进行内旋动作训练,有助于激活臀部肌肉。

不要低头或驼背。不要对背部施加太大压力,要保持舒适的姿势。

医生的观点   "注意季节交替时的伤病"

"简单来说,梨状肌是附着在髋关节后侧的深层肌肉。在投球时还发挥了相当于股四头肌的作用。当梨状肌变得僵硬时,它会影响髋关节内旋和外旋的能力。自然而然导致运动表现下降,增加损伤风险。特别是 3 月和 4 月赛季开始后,天气变暖,受伤往往会增加。因此应多注意梨状肌的柔韧性。"(前田明)

侧弓步蹲

　　胸部挺直，背起杠铃杆，双脚与腰同宽。向侧方迈出一大步，在下蹲后回到原来姿势。恢复姿势后，向反方向迈步，下蹲。如此反复。

错误　　正确

　　目视前方，背部保持直立。如果视线向下，会导致背部弯曲，可能会造成腰部等处的疼痛。在运动过程中，背部要始终保持挺直的姿势。如果每周进行2次训练，负重应以10～15次1组，可完成2组重量为宜。

交替弓步蹲跳

　　双脚前后打开下蹲，降低腰部，然后双臂向上摆动并跳跃。在空中双腿前后迅速交换位置后落地。通过调整跳跃时的平衡，可以改善整体动作的平衡。建议的训练次数为20次1组，进行3～5组。

正确

错误

跳到一定次数时动作会走样，要注意起跳和落地时保持平衡。

体育科学研究者的观点　"停止动作时的关键作用"

　　"浅层肌肉在做动作时发挥着作用，而深层肌肉有助于调整动作。动作停止时深层肌肉会活动。浅层肌肉发达而深层肌肉力量不足时，身体会跟不上从快速活动到动作停止的变化。位于髋关节深处的梨状肌还会调整髋关节内部的动作。深层肌肉很少能在日常生活中意识到，但如果在运动中多重视深层肌肉，会产生很大的正面效果。"（益子泰雅）

第三章

肩胛骨周围和肩关节

·灵活性的保障及其基础训练方法·

保证肩胛骨周围和肩关节的柔韧很重要，这样才能有效地使用身体、灵活地摆动手臂

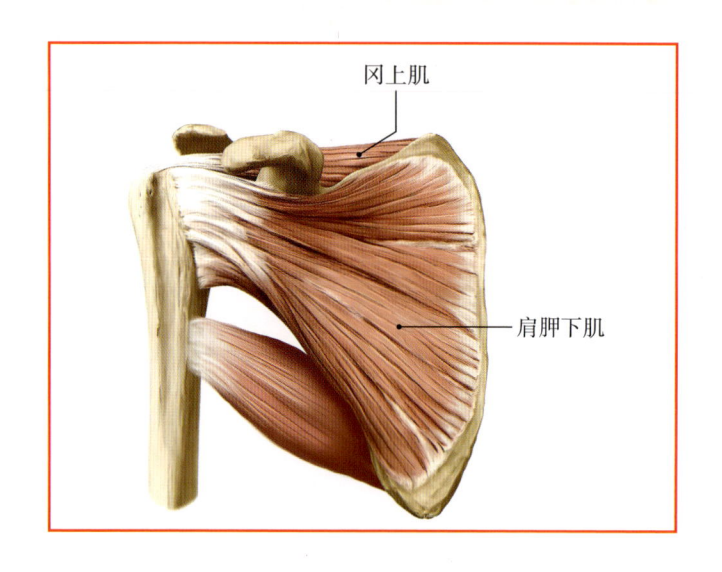

冈上肌

肩胛下肌

　　不仅在体育运动中，人类的各种活动很少会有线性运动。无论走路还是跑步，总会涉及"扭转"的动作。例如，下半身带动上半身的动作就像拧抹布一样，下半身向内拧，上半身向外拧。在体育运动中，这种下半身高速旋转，保持轴心旋转上半身的动作，好像"拨浪鼓"一样。"拨浪鼓"的鼓柄相当于躯干，系着鼓坠的绳子就相当于肩部的深层肌肉或者手臂。这里就有了肩胛骨周围和肩关节的灵活性问题。

　　如果肩胛骨周围的肌肉或肩关节的深层肌肉挛缩，手臂将无法灵活地摆动，这就是手肘等部位疼痛的原因。

　　保持肩胛骨周围的肌肉柔软非常重要，以便能够在"投掷"和"击打"等动作中有效地使用躯干力量。握（球或球棒）的动作和肩胛骨周围肌肉是相互联系的，如果试图只用手臂投球，并且握球太紧，肩胛骨的运动就会受到限制，导致投球时肘部下垂或者挥棒击球失败，给运动表现带来负面影响。

　　此外，这类动作也可能导致运动损伤。通过保持肩胛骨的活动性，就能够无需多余的力量，更灵活地

第三章　肩胛骨周围和肩关节·灵活性的保障及其基础训练方法

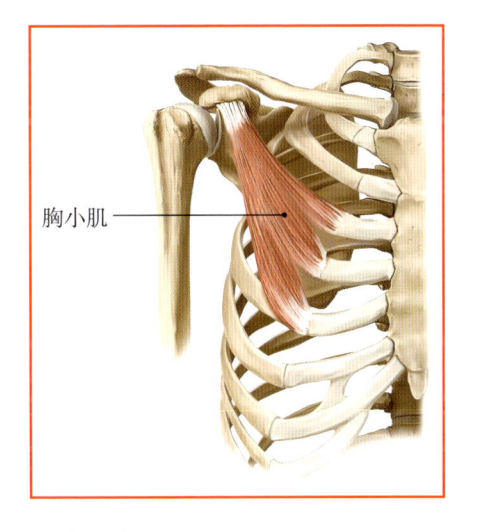

胸小肌

摆动手臂。

肩胛骨可以做各种各样的运动，包括上提（抬起肩膀）、下降（降低肩膀）、上回旋（从侧面抬起手臂）、下回旋（从侧面降低手臂）、后缩（向背部靠近）和前伸（向胸部靠近）。这些运动的自由度越大，力量从躯干传递到手臂以及从手臂传递到球或球棒的效率就越高。

肩胛骨的运动中有向内和向下拉动肩胛骨的胸小肌、冈上肌（肩关节外展）、冈下肌（肩关节外旋）、小圆肌（肩关节外旋）、肩胛下肌（肩关节内旋）等深层肌肉共同起作用。在开始练习或训练之前，应务必了解这些肌肉的状态。在这里，我们先介绍一下检查和拉伸的办法。

▲在棒球的动作里，保持肩胛骨周围的灵活性是非常重要的，这可以让躯干力量得到更好的利用。肩胛骨动作的自由度越大，力传递到球或球棒的效率就越高。

首先掌握肩关节的状态，确认左右两边的差异

肩关节的外旋检查 1

腋窝闭合，肘部弯曲 90°，躯干与上臂之间夹一条毛巾。将这条毛巾作为肘部的支点，肩部要平。保持这个姿势，向外旋上臂。

检查左右手臂的张开程度是否相同。

肩关节的外旋检查 2

将手臂放在桌子等平面上，腋窝呈 90°并保持这个姿势。

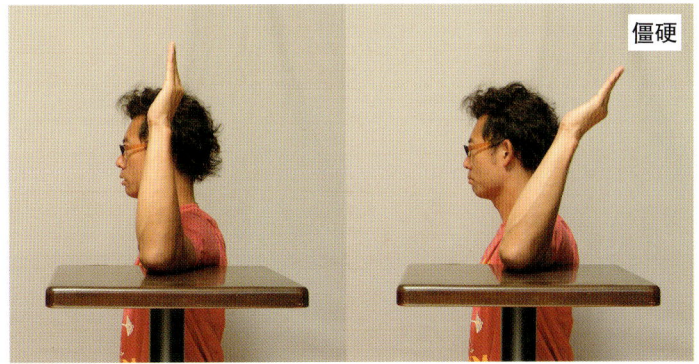

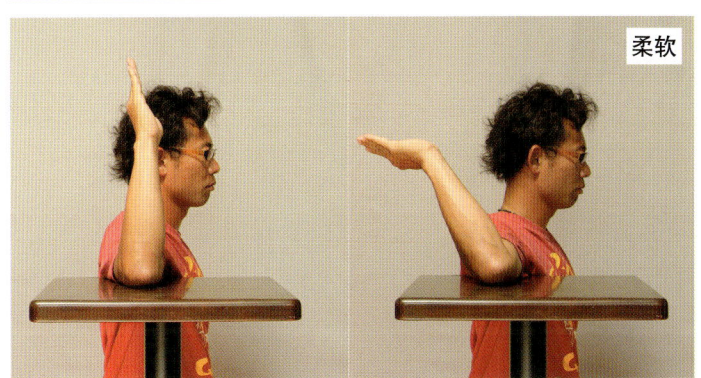

以肘部为中心向后摆臂。深层肌肉僵硬的话手臂后摆困难且幅度不明显。深层肌肉柔软的话手臂后摆很容易且幅度明显。左右手都进行向后摆臂的检查。

僵硬

柔软

肩关节的内旋检查

手臂保持直立状态，将手肘抬至与肩平行。手肘呈 90° 弯曲，肩部保持不动，小臂向前摆动。

注意观察前摆的位置左右是否有差异。

柔软

僵硬

| 医生的观点 | "活动频繁的关节＝一定会在某处承受动作的负担" |

"肩关节虽然不如膝关节大，但在人体中却是活动范围最大的关节。肩关节是唯一可以屈曲 180° 的关节。膝关节只能进行屈曲和伸展的运动，但在髋关节的作用下还可以做出内旋、外旋、内收和外展的动作。肩关节比髋关节的活动范围更大。

关节活动范围越大，受伤的风险自然也越高。从解剖学角度来看，当从正面观察身体时，上臂骨上有一个称为'结节间沟'的纵沟，上臂二头肌的长头腱通过结节间沟与肩胛骨相连。由于肌腱是穿过这个纵沟的，因此每次移动手臂时，肌腱都会受到摩擦。可以说活动频繁的关节一定会承受某个动作的负担。

有一种疾病称为肩关节周围炎，俗称肩周炎（五十肩）。以前，人们认为肩周炎的症状发生在冈上肌，但现在发现是冈下肌腱。可能的原因包括长时间不活动导致身体变得僵硬，或者过度使用导致的损伤。肩膀的深层肌肉是很难被意识到的肌肉，但是通过日常检查，掌握它们的状况将对竞技产生积极的影响。"（益子泰雅）

胸小肌的检查方法

手臂向上举起，与身体呈 150°。

保持这个角度，将手臂向后伸展。不要扭动上半身。

柔软

胸小肌僵硬的一侧的手臂无法向后伸展。观察两侧的差异。

僵硬

通过拉伸缓解肌肉僵硬

这里介绍保持肩胛骨周围肌肉的柔韧性的两种拉伸方法：使用泡沫轴的拉伸方法和深层肌的动态拉伸方法。

使用泡沫轴的拉伸方法

首先，躺在泡沫轴上并打开胸部，使肩胛骨内收，处于更容易活动的状态。在这种状态下，活动肩胛骨增加其柔韧性。但不要长时间躺在泡沫轴上。建议进行 15～20 次练习。每次活动后需要离开泡沫轴。

锻炼胸小肌、大圆肌等部位

仰卧在泡沫轴上，手肘保持伸展的状态，手臂上下活动。一边感受着肩胛骨的活动，一边想象着仰泳的样子。手臂大约呈 150°。

应用篇

这是一种应用本体感觉神经肌肉促进（PNF）的拉伸方法。将手臂抬起并伸展，紧握拳头，充分用力后，再迅速放松。这样重复进行5次左右。感受肩部周围的肌肉变得更加柔软的过程。

锻炼胸小肌、菱形肌等部位

双手高举过头，手指紧贴垫子的同时，手臂向下滑动。使肩胛骨大范围活动。

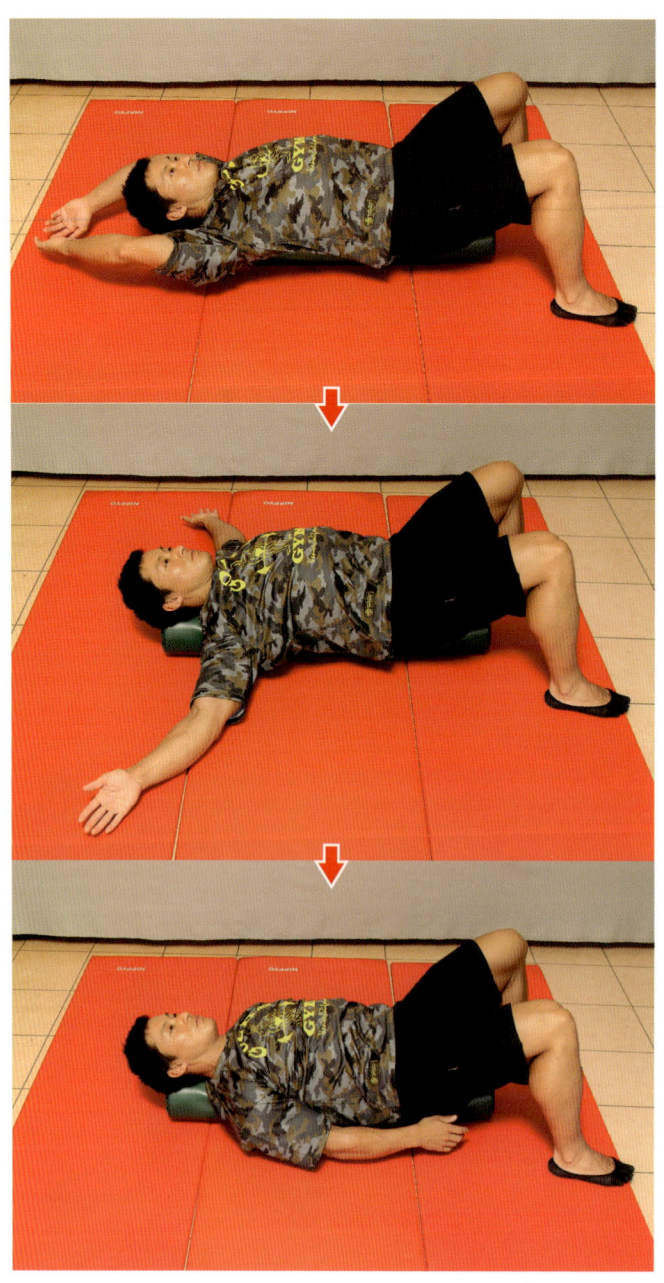

锻炼冈下肌、小圆肌和肩胛下肌等部位

手臂向左右两侧完全张开，肘部伸展，保持一个舒适的姿势。扭动肩部，右侧向内转动时左侧向外转动，相互交替进行。

应用篇

这也是一种 PNF 拉伸方法的应用。在肩部完全扭转的状态下，用力紧握拳头，充分用力后迅速放松。这样重复进行 5 次左右。

医生的观点 "菱形肌是肩部唯一的'停止肌'，保持肩胛骨的柔韧性非常重要"

"肩部可以向上或向前活动，但基本不会向后活动。肩胛骨运动可以扩大肩关节的活动范围。肩部的动作大多是'向前的动作'。如果将肩胛骨周围负责肩部运动的肌肉分为'运动肌'和'停止肌'，那么唯一承担'停止肌'作用的就是菱形肌。除了菱形肌，其他肌肉都主要参与'向前的动作'，而菱形肌则负责'向后的动作'。

肩胛骨周围还有覆盖在菱形肌之上的大肌肉——斜方肌。而肩胛骨内侧仅有菱形肌存在。例如，当进行竞技比赛等活动时，运动肌和停止肌就像是 10∶1 的力量较量。正面对抗时，停止肌肯定会不堪重负。因此，为了避免这种情况，肩胛骨周围肌肉柔韧性的提升就显得格外重要。保持肩胛骨的柔韧性，是进行体育运动的基本前提。"（益子泰雅）

深层肌的动态拉伸方法

锻炼冈上肌、冈下肌、小圆肌、肩胛下肌、大圆肌等

用活动来拉伸肩部的浅层肌肉。通过连续进行以下动作，可以从不同角度锻炼肩部的深层肌，增加其灵活性。1轮有7个项目，每个项目重复10次，共进行3轮。

俯卧位手掌朝下，双臂向两侧展开，垂直于地面上下活动手臂。做10次。

大拇指向上，双手向两侧展开，垂直于地面上下活动手臂。做10次。

大拇指向上，双手举过头顶两侧呈"Y"字，垂直于地面上下活动手臂。做10次。

大拇指向上，双臂与肩平行，手肘呈 90°，垂直于地面上下活动手臂。做 10 次。

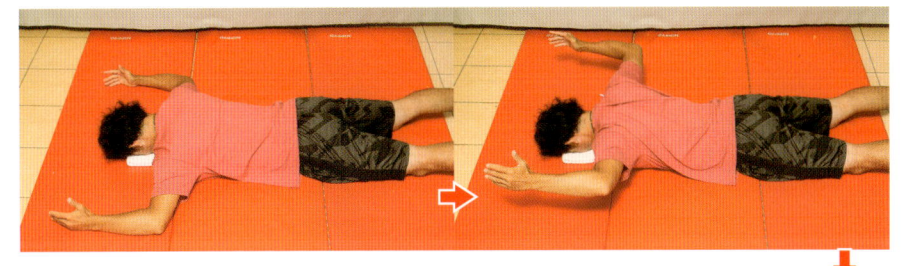

大拇指向上，双臂低于肩部，手肘呈 90°，垂直于地面上下活动手臂。做 10 次。

手掌朝下，双臂低于肩部，垂直于地面上下活动手臂。做 10 次。

将手背贴在腰部，上下活动手臂。左右手各做 10 次。

上半身的训练思路

力量训练的思路因目的而异。对于追求肌肉量的健美选手来说，目标是增大肌肉，因此注重肌肉的有效锻炼；对于比拼力量的举重选手来说，目标则是举起更重的重量。而对于竞技选手来说，目标并非增大肌肉或是举起更重的重量，而是培养对比赛有帮助的力量。为此，重要的是通过核心力量，让身体在负荷下灵活运动。

听到"力量训练"这个词，首先会想到仰卧推举或杠铃弯举等动作。卧推主要锻炼胸部和肱三头肌，而杠铃弯举则主要锻炼肱二头肌。但这些肌肉群在棒球中并不是很重要。对竞技选手来说，最重要的是下半身的力量，还有肩胛骨和肩部周围的柔韧性以及与下半身力量相匹配的肌肉量。如果仅仅强化上半身，可能会导致投球时缺乏稳定性，或者击球时错过挥棒时机而无法稳住动作。从肌肉比例上来看，首要的是下半身力量，其次才是与之相应的上半身肌肉，这样的思路更为合理。

一般来说，上半身的力量训练可以正常进行。但是，只要有足够的肌肉力量承受投掷和击打的负荷便可，不要超过下半身力量。如果是投球手，投掷时，手臂会向后弯曲，带动牵提胸部肌肉，胸部需要有足够的力量克服手臂向后弯曲。但因为不是用胸部投球，所以并不需要更多的肌肉量。

此外，进行肌肉训练时，还有"是否应该使用哑铃或杠铃""是否应该使用锻炼器械"等选择，但如果重点是支撑身体承受负重的话，比起用固定器械负重训练，用哑铃或杠铃这种"自由重量训练"会更合适一些。

当然，重量和姿势训练也很重要，应避免勉强举起重物。对于动作来说，运动员所需要的并不是缓慢举起重物的力量，而是瞬间爆发的力量。放下重物时，应感受重量并缓慢放下，举起时则一口气爆发性地举起重物。

另外，握力的强弱与肩胛骨周围的灵活性有关，如果握得太紧，肩胛骨的活动就会受到限制。因此，握哑铃或杠铃时注意不要握得太紧。

在这里，我们将介绍对打棒球有效的训练活动。建议先通过检查和拉伸的方法掌握肩胛骨周围和肩关节的柔韧性，然后将其融入日常练习中。

俯卧撑

建议做俯卧撑来增强肩部和肩带的力量。收紧腹部和臀部，身体呈一条直线，仅用手臂力量。保持肩胛骨在正确的位置，这有助于练习甩手臂的投球姿势。建议进行3组，每组10～20次。当感受到动作开始轻松时，可在背部放一个重物。

应用篇

撑握后尝试单脚抬起。注意手的位置，若过于靠上的话，会给肩部带来负担。还要有意识地控制肩胛骨进行俯卧撑，而不是只关注胸部。

引体向上

这个动作也可以锻炼深层肌肉，因为不动用深层肌肉的话，动作是无法完成的。双手向内握住杆，注意不要握得太紧。

保持胸部展开的姿势手臂向下拉。注意不要轴心晃动，反向借力。引体向上时身体要保持一条直线，姿势不要变形。重复次数建议"尽力而为"。力竭时可改为斜向引体向上。

体育科学研究者的观点

"浅层肌肉和深层肌肉都是重要的力量，需要一起进行锻炼"

"由于运动的性质，在棒球中，动作往往会有左右偏向，右就是右，左就是左，不会像跑步等活动中左右臂会以同样的方式挥动。考虑到平衡的话，最好两者都训练。

投球时，不仅要用到深层肌肉，还要调动浅层肌肉。因为投掷后要停止挥臂，这就需要深层肌肉的力量。但也并不是说仅仅锻炼深层肌肉就足够了。锻炼深层肌肉只需要轻负荷，所以随时都可以进行。热身时锻炼一下深层肌肉也是可以的。

但是，与此同时，也需要训练浅层肌肉。浅层肌肉和深层肌肉都很重要，应该一起锻炼来提高运动表现并防止受伤。"（前田明）

单腿单臂哑铃划船

这个动作锻炼的是让身体回转和停止身体回转的力量。一只手撑着长椅或其他地方，另一侧腿向后抬起（图中展示的是右手撑着长椅，左腿向后抬起的动作）。胸部挺直，身体保持一条直线，握住哑铃。

保持胸部挺直的状态举起手臂。注意不要轴心晃动，反向借力。做动作时身体要保持一条直线，姿势不要变形。如果目的是培养瞬间爆发力，推荐举6～8次极限重量；如果目的是调整身体平衡，推荐举10～12次极限重量。每种都是3～5组。

仰卧屈臂下拉

▶这个动作锻炼的是胸小肌和前锯肌的力量,是投球时手臂高举过头顶时用到的肌肉。将肩膀放在长椅上,使身体与长椅呈十字形。双脚放在地板上,以拇指和食指为中心抓住哑铃。注意不要让腰部下沉。

▼挺胸,将手臂伸直,高举过头顶,降至150°,然后爆发性地举起哑铃。在运动过程中,不仅要感受胸部和肩部的肌肉,还要感受肩胛骨周围的肌肉。这样不仅可以训练胸小肌和前锯肌,还可以训练背部的背阔肌。注意不要使用太重的哑铃,否则会给肩膀带来压力并导致受伤。选择重量适宜的哑铃,以便在放下手臂时不会不适地拉伸肩部。做3组,每组10~15次。

体育科学研究者的观点
"上半身需要有与下半身相匹配的肌肉,同时应提高灵活性"

"肩关节灵活的人将能够像鞭子一样摆动手臂。如果真的能做到这样的程度,就能投出好球。肩关节是一个球窝关节。它的结构使其可以轻松向任何方向运动。因此,为了避免出现任何方向的活动困难,以拉伸等训练扩大可移动范围很重要。

同时,还应该注意肩胛骨的运动。肩关节和肩胛骨活动得越多,它们就会变得越灵活。妨碍它们运动范围的大块浅层肌肉对于打棒球来说并不是必需的。然而,如果只是正常训练,肌肉并不会变得很发达,所以没有必要担心'过度的力量训练会让我变得……'在比赛中,虽说下半身的肌肉很重要,但这并不意味着不应该锻炼上半身。上半身也需要有与下半身相称的肌肉。"(前田明)

第四章

躯干

·创造灵活的动作支点·

运动中"核心"的重要性。
收紧腹部做出强劲的动作！

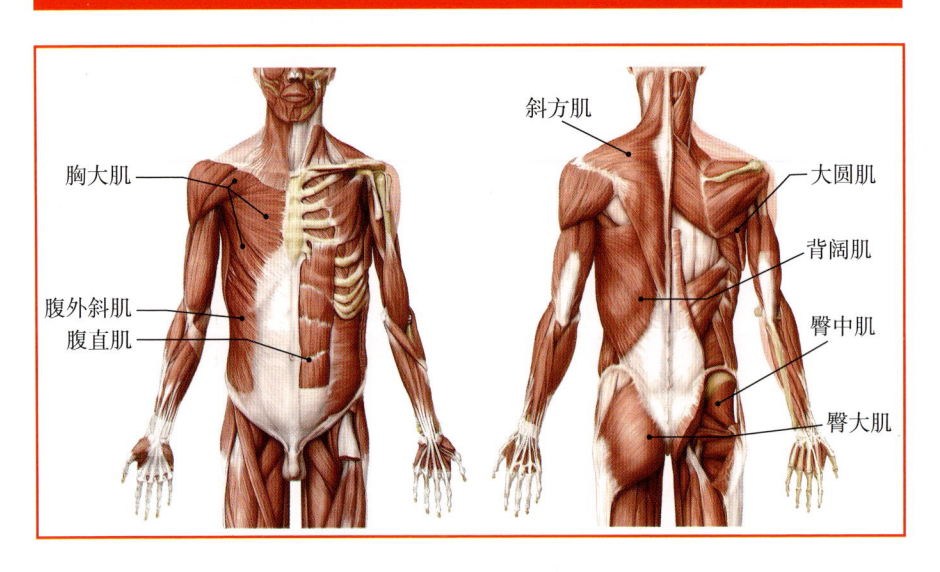

胸大肌
斜方肌
大圆肌
背阔肌
腹外斜肌
腹直肌
臀中肌
臀大肌

虽然"躯干（核心）"这个词能经常听到，但似乎很少有人明白它指的是身体的哪个部位。大多数人想到的是"肚子附近"。确实，这也是躯干（核心）的一部分，但构成"躯干（核心）"的肌肉要广泛得多。

广义上讲，"躯干（核心）"肌肉指的是支撑身体的一个肌肉群，包括骨盆和髋关节周围的肌肉，例如臀大肌、臀中肌、髂腰肌和梨状肌；腹部肌肉，例如腹直肌、腹横肌、腹内斜肌和腹外斜肌；肩胛骨周围的肌肉，例如菱形肌和斜方肌；沿着脊柱从腰部延伸到后脑勺的竖脊肌（所谓的背部肌肉）等。虽然颈部距离腹部较远，但竖脊肌所连接的颈部，也包含在躯干（核心）内。将其想象为一个保持身体挺直的肌肉群可能更容易理解一些。

用植物形容的话，茎就是躯干部位。例如，芒草的根很强，但茎很弱，所以芒草的穗子被风吹时就会摇晃。同样，如果躯干（核心）的力量弱，即使锻炼了下半身，当受到冲击时，上半身也会像芒草一样摇晃。

在体育运动中，棒球的投手利用躯干的肌肉将下半身产生的力量传递到指尖，而击球手利用躯干的肌肉承受击球的冲击力。

橄榄球或格斗等接触性竞技中，当与对手发生碰撞时，躯干的力量起着很大的作用。投球动作中，躯干（核心）肌肉群在球的释放时刻尤为重要，用到的肌肉包括臀部肌肉、髂腰肌、腹外斜肌、腹横肌等。如果构成躯干（核心）的这些肌肉力量薄弱，下半身的力量就无法传导至上半身，从而无法投出快速的球。

此外，躯干（核心）肌肉是身体的中心，作为"轴"在活动身体时起着关键的作用。大多数体育运动都是通过绕轴旋转来进行的。例如，跑步或行走时，当右臂屈到身前，左臂向后伸，此时躯干（核心）作为支点，四肢围绕躯干运动。

综上，躯干（核心）薄弱、轴心不稳的话，手脚都不能进行强有力的活动。在体育运动中，必然要培养让手脚都能灵活运动的躯干（核心）。对于投手而言还必须培养投球时手臂用力的状态。

柔软的动作有时也被描述为"像鞭子一样"，但鞭子并非所有的部分都是软的，其手柄就是坚硬的。只有以硬的手柄作为支点，才能挥出弯曲速度快、作用力强的效果。

体育运动也是如此，如果身体没有坚硬的部位作为支点，整个身体就会变得绵软。无法确定支点，就无法发挥出速度和力量。所以作为支点的部分必须重点强化。

在棒球运动中，需要使用双臂和双腿，而支点就是腹部。躯干（核心）肌肉的中心也是腹部。如果能加强腹部肌肉，就能够做出更强劲的动作。

然而，在训练中，即使会用"施加腹部压力"等表达方式来描述这种收紧腹部的锻炼，但很多人一开始仍很难掌握这种感觉。这里我们将介绍检查自己是否在使用躯干（腹压）的方法以及强化"轴"的训练方法。请通过每天练习来保护身体免受损伤。

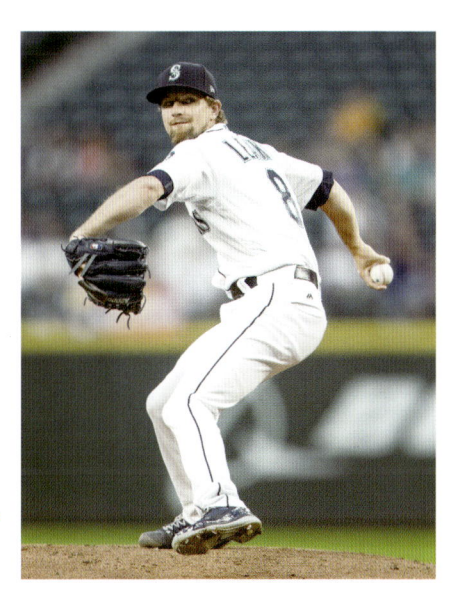

▶为了做出"像鞭子一样的动作"，稳固躯干（核心）是很有必要的。

充分利用腹部力量

简单来说，躯干（核心）就是"一个保持身体挺直的肌肉群"。能够无意识地使用躯干（核心）肌肉的人可以轻松地完成任何动作。相反，无法使用躯干（核心）的人的动作会失去协调性，手臂和腿的四肢动作会不协调。然而，躯干（核心）肌肉是很难有意识地使用的肌肉。

腹部位于躯干（核心）的中央。当投手投球时，他会收紧腹部并旋转身体。强化腹部与提高运动表现之间有着密切的关系。其证据就是，运动员在状态良好时经常会感到腹部肌肉的使用。

检查是否充分地使用了腹部的力量。如果无法完成检查动作，可以尝试用这里介绍的训练方法来加强你的腹部肌肉。

有使用到"腹压"吗？

检查：坐在椅子上小腹发力
保持双脚与肩同宽的状态坐下。

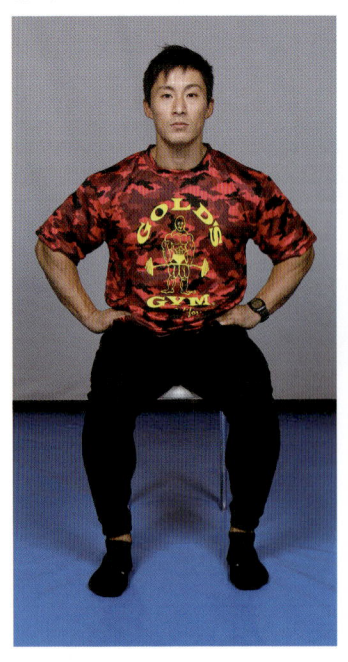

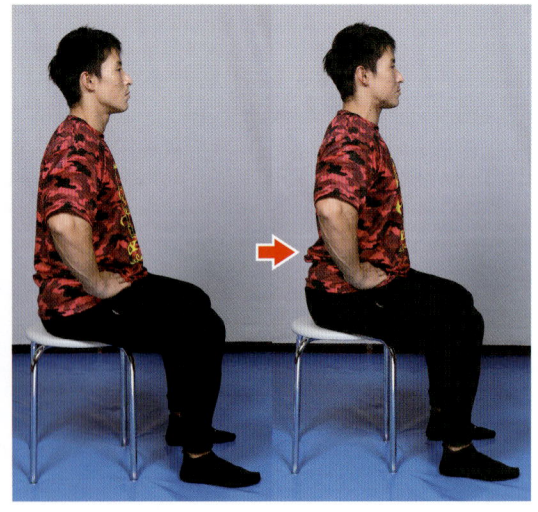

从背部弯曲的姿势开始，将骨盆向前挺起并收紧小腹。保持上半身放松，想象被悬挂在天花板上。如果感到小腹紧张，则证明正在使用腹压。

检查：使用瑜伽球

也可以使用瑜伽球检查。和坐在椅子上检查一样，将骨盆向前挺起并收紧小腹。如果抓不住感觉的话，用拳头轻捶腹部。

使用"腹压"的训练法

平板支撑：两个手肘呈直角压在垫子上。身体从垫子上抬起。身体保持直线，坚持30秒。

LEVEL UP（进阶动作）

如果能够驾驭平板支撑，可加上瑜伽球进行训练。身体支撑在不稳定的瑜伽球上，动作难度会更高。

错误

腰部下垂，身体没有充分抬起来。不要活动腰部，全身要保持直线状态。

感受"腹压"的训练法

这是感受"腹压"的训练方法之一。仰卧状态下双手举起药球,再松手使球掉落在腹部上。掉落的瞬间,小腹猛地发力收紧。大约20次为1组。

体育科学研究者的观点   "姿势变形时,应思考躯干(核心)的强度"

"躯干(核心)对保持动作的稳定很重要。很多运动都是双脚着地进行的。换句话说,即应发展下肢与躯干(核心)相结合的稳定性。对于运动表现来说,下肢和躯干(核心)应视为一个整体。

在比赛过程中,经常会出现选手不得不姿势扭曲地进行比赛的情况。这也与下肢的动作有关,但就棒球而言,防守球员必须单腿跳跃才能接住球,甚至在下肢没有立稳定的情况下继续下一个动作。

此外,球员也有可能在不自然的动作下接住低位置的球后,快速恢复身体姿势并继续进行下一个动作,这就需要下肢和躯干(核心)的肌肉来保持平衡。如果躯干(核心)力量薄弱,一旦姿势走样,就无法顺利进行下个动作。

投球时,需要反复进行抬起一条腿、向前迈一步、转移重心等动作。为了稳定地进行这些动作,需要很强的躯干(核心)力量。

越不稳定、复杂的动作,越考验躯干(核心)的力量。如果没有经过适当的训练,失去平衡时就有摔倒的风险。因此,加强躯干(核心)力量对于预防运动损伤也很重要。"(前田明)

有陪练时

陪练员抓住脚踝,身体保持直立并向前倾斜。尽量避免使用大腿内侧肌肉(大腿的肌肉群)的力量,用腹部力量支撑身体。对抗重力慢慢倒下。10～15次为1组。

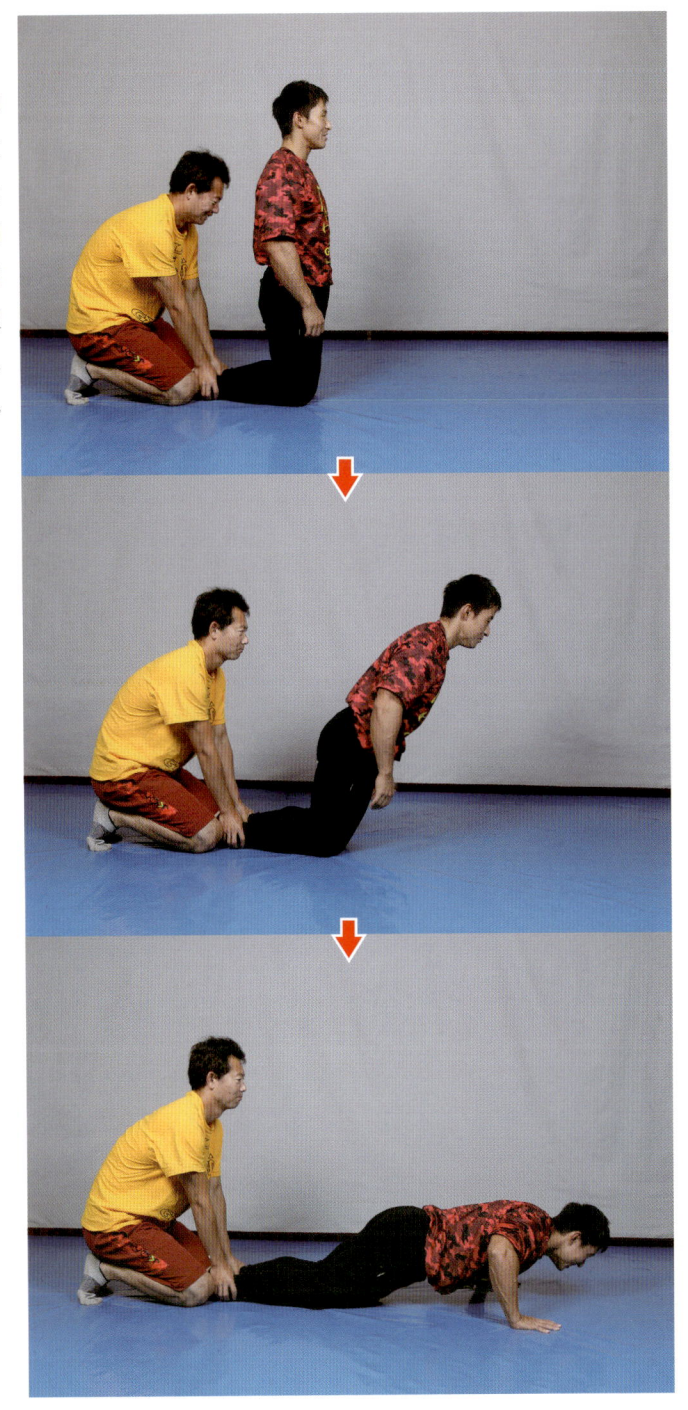

有使用到腹部吗？

检查：双脚抬起接球

背部弯曲，用腹部力量抬起双脚，保持这个状态接球。接球时上半身保持不动。接到球后再扔给陪练员。

检查：收缩腹部并保持不动

这是一种难度很高的检查方法。双膝弯曲呈直角，双手抱在脑后，像做卷腹一样起身，肘部接触膝关节。不要移动双腿，收缩腹部起身后保持静止。注意，如果使用背阔肌和竖脊肌的力量，背部将无法弯曲。运动时不仅要有意识地活动胸部前侧和肩部，还要有意识地活动肩胛骨周围的肌肉。这样不仅可以锻炼胸小肌和前锯肌，还可以锻炼背部的背阔肌。

▲ 腹肌力量薄弱的表现为上半身大幅度向后倾倒。如果只用上半身接球，也会被球压向后方。想象用"腹部抵抗"来传接球吧。

58

腹部的训练

保持膝关节弯曲呈直角，双手在胸前交叉，抬起头。关键是动作过程中不要移动双腿。如果可以轻松地做到这一点，可像"检查：收缩腹部并保持不动"一样，将双手放在头后，并尽力保持肘部接触膝关节。

LEVEL UP（进阶动作）

伸展双臂和双腿（双手伸直平行地面高举）。此时不要放松腹部，双手和双脚不要接触地板。充分伸展后，将膝关节弯曲呈直角，同时起身，将双手抱在脑后，用肘部接触膝关节。目标是做 10 次。

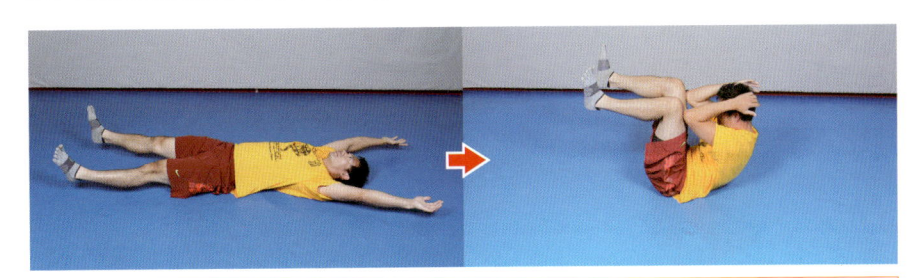

动作要点

动作过程中双手和双脚不要接触地面，没有休息。这个活动不仅锻炼腹部肌肉，还训练你的前庭感觉，可以让你感受到身体的平衡度和速度。这种感觉在棒球比赛中经常使用，例如，一个人能够做"转转棒"动作（头抵住球棒转圈）后立即直线奔跑，表明他具有出色的前庭感觉。

LEVEL UP（进阶动作）

身体伸展时也要发力，保持双臂和双脚离开地面的姿势。

左膝和右手肘接触后伸展时核心保持发力，接着右膝和左手肘接触。因为是强度很高的动作，所以要保证每次的动作质量。

为了塑造"铜墙铁壁"

运动中，关键在于能否用动作制造出"铜墙铁壁"。用左脚支撑投球时，左侧就形成了"墙"。"墙"越坚固，证明下肢的力量就越大，传递给球的力量就越大。

如果"墙的力量"很脆弱，请尝试通过训练来增强它。

有足够的躯干（核心）力量来筑起坚固的"墙"吗？

检查：侧平板支撑

膝关节伸直侧身躺，手肘呈直角弯曲。腰部抬起，胸部挺直，身体保持一条直线，坚持30秒至1分钟。

错误

◀ 腰部下垂或者胸部弯曲都是不规范动作。必须让躯干（核心）保持直线姿势。

提高"墙的力量"的训练

保持侧平板支撑的动作，右侧身时，左腿抬高与地面平行并维持30秒。左右都要如此训练。

"轴" + "旋转" 的训练

这是稳定躯干、建立牢固的轴线并旋转身体的训练。伸展双臂，使腋窝呈直角，做出侧平板支撑姿势。如果是右侧的话，将左脚微微放前。之后，保持身体呈一条直线，横向扭转，并将左臂深深地插入右腋窝下。

动作要点

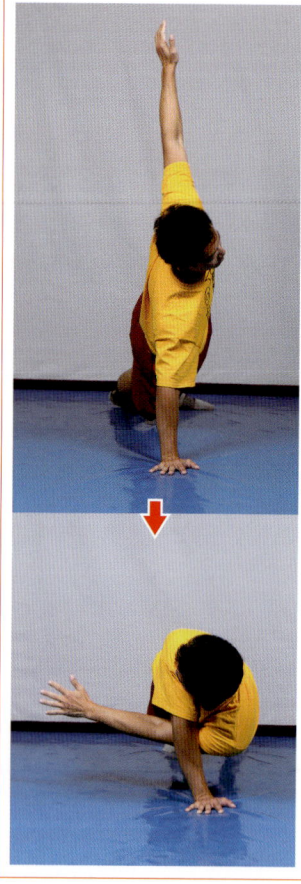

关键是旋转的同时保持身体挺直。不要抬高或降低腰部。在保持臀部高度的情况下控制身体很重要，在撑握之前，尝试做5次标准动作。等到可以做5次，并且不会做出像下面的"错误姿势"时，增加次数至12次。

错误

◀ 腰部弯曲，臀部抬起是不规范动作。时刻保持轴心稳定，扭转身体吧。

为了追求更强的躯干（核心）

　　躯干（核心），简单地说，指的是身体除下肢、上肢、头部以外的部分，是占据身体大部分的重要部位，也是身体的中心。腹部作为身体活动的轴，其力量强弱对运动表现的影响很大。

　　如果觉得没有使用到腹部力量，请强化腹部力量，以提高运动表现并防止运动损伤。

运动过程中腹部肌肉的使用得当吗？

检查：单脚·单手·哑铃卧推

　　用单臂哑铃仰卧推举。身体一半躺在长椅上，另一半悬空的状态上举哑铃。如果不使用腹部肌肉，只用手臂力量举起哑铃的话，是无法在长凳上保持平衡的。同样的动作作为训练方法在本书第110页予以介绍。

强化"腹部力量"的训练

瑜伽球单脚平板支撑

　　手肘弯曲呈直角，放在瑜伽球上。将体重施加在瑜伽球上，抬起一侧脚。身体保持一条直线并静止。注意不要让腰部下垂。

扔药球

坐在地上，保持臀部接触地面，双脚悬空，手持药球。通过腹部支撑身体，不使用手臂的力量，将球向后方抛出。

投球时，身体不要被手臂力量带动，要用腹部力量保持稳定。做2组，每组15次。

医生的观点

"线条分明的漂亮腹肌和体育运动所需要的躯干（核心）是不同的"

"虽然统称躯干（核心），但是六块腹肌（锻炼出来的肌肉）的躯干（核心）和竞技体育所需的躯干（核心）完全不一样。竞技体育不需要紧绷的腹肌。形容完美身材的名词：六块腹肌，就是腹直肌，它是身体表面的肌肉。竞技体育需要的躯干（核心）具体来说是髂腰肌、腹横肌、腹内斜肌，这些肌都隐藏在腹直肌下面，连接着骨骼，起到稳定动作的作用。

投球时最重要的是手腕左右活动的位置。在这种情况下，需要肌肉力量进行动作的控制。如果控制力量较弱，就不能投出强力的球。

'Drawing-in 呼吸锻炼'对于增强躯干（核心）力量非常有效。髂腰肌、腹横肌和腹内斜肌很难通过日常运动来增强，但可以通过做收紧腹部的动作来强化。

此外，进行竞技体育时，身体的'墙'是必不可少的。拥有构成墙壁的核心力量，是成为运动员的第一步。构成墙壁的肌肉包括臀大肌、臀中肌、腹外斜肌和腹内斜肌等。强化这些肌肉力量是非常重要的。"（益子泰雅）

第五章

肩部

·状态调节和训练的思路·

颈部和肩部周围的状态也会影响指尖的活动

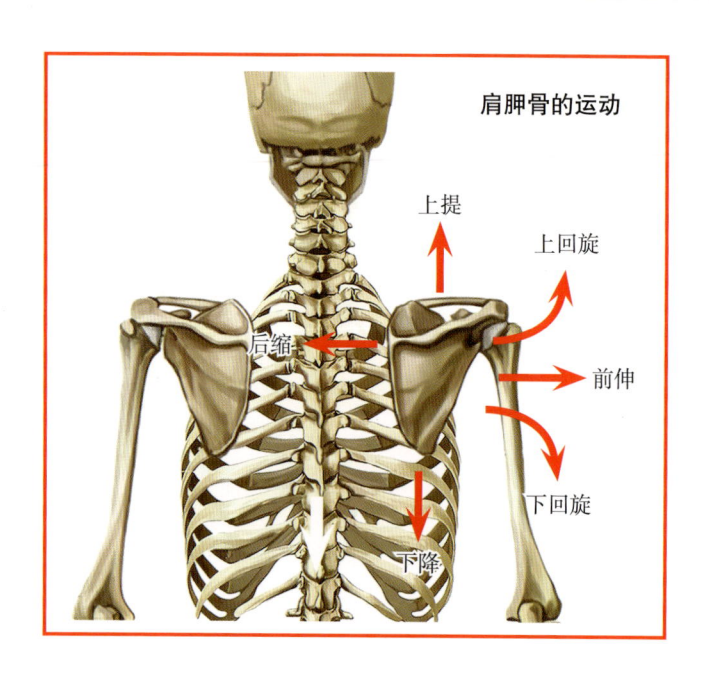

肩胛骨的运动

上提
上回旋
后缩
前伸
下回旋
下降

没有哪个竞技运动选手肩部从未受过损伤，每个人都会经历肩痛。为了预防损伤，许多人可能会使用弹力带进行训练以增强肩部深层肌肉。

肩部并不是单独通过"肩关节"运动的，还与"肩胛骨"相关联。肩胛骨具有"上提""下降""后缩""前伸""上回旋"和"下回旋"等运动，此外还包含"扭转"的动作。如果肩胛骨不能在各方向运动，肩关节的动作必然受到影响，对于投手来说，在投球动作中可能会导致肘部下垂等不良影响。

由于投球手动作的独特性，很多情况下惯用投球的一侧会形成"前倾肩膀"。此外，肩部周围的肌肉变得僵硬时，肩关节的活动度会变得更差。对于投球手来说，胸小肌尤为重要。这是连接肋骨和肩胛骨的深层肌肉，其作用是使肩胛骨下降。如果胸小肌不能伸展，投球时肩关节不能向后移动，投球离手的释放点就会靠前。

与胸小肌相反，前锯肌控制肩胛骨的上提动作。如果这块肌肉僵硬的

肩部主要肌肉

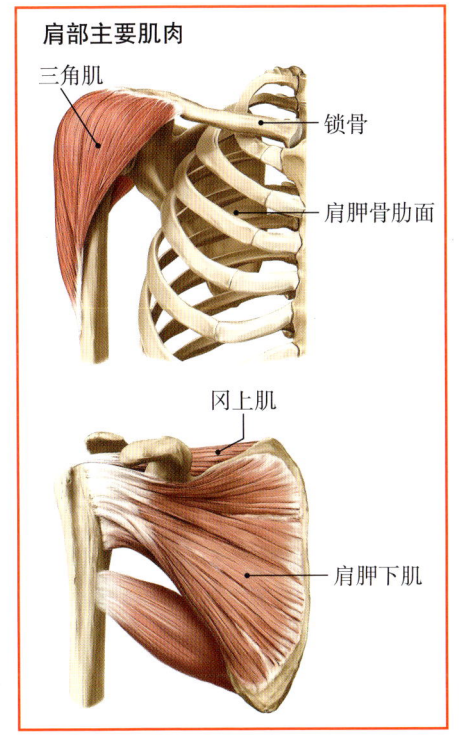

- 三角肌
- 锁骨
- 肩胛骨肋面
- 冈上肌
- 肩胛下肌

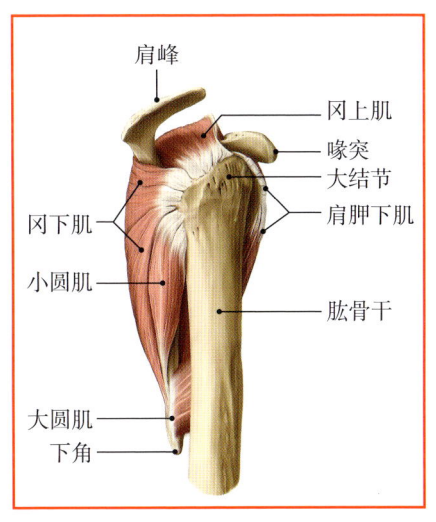

- 肩峰
- 冈上肌
- 喙突
- 大结节
- 冈下肌
- 肩胛下肌
- 小圆肌
- 肱骨干
- 大圆肌
- 下角

话,肩关节的活动也会受限制,投球就会变成用手抛球。

手臂上的肱三头肌也与肩部相连,放松肱三头肌可使肩部活动更容易。

另外,肩关节内侧有冈上肌、冈下肌、小圆肌、肩胛下肌,即所谓的肩袖。如果肩胛下肌僵硬,其他肌肉也会僵硬,导致整个肩袖的状态变差。此外,为了保持良好的可动范围,不仅要进行直接活动,肩部的"扭转"也很重要。人体的运动不是直线的,总是伴随着扭转。肩部也是如此,为

了让肩膀灵活地活动,需要在运动时加入扭转。

即使是指尖的运动,肩部周围的灵活性也很重要。神经(正中神经)通过颈部、肩部、胸大肌的连接部分及腋窝下方、肘部,一直连接到手指。如果指尖的神经通过的颈部和肩部状况不佳,指尖的感觉,例如投球出手瞬间从指尖发出的力量的感觉,就会变迟钝。"感觉握力下降"的人应该注意肩膀周围的肌肉紧张导致指尖的感觉变得迟钝的情况。

保证肩部周围的柔韧性

参加比赛时，保持肩部周围的良好状态很重要。这里作为训练的前奏，我们将介绍一些提高肩部灵活性的伸展运动。试着每一项做 20 秒左右。

肩膀后部和肩胛骨内侧

一侧手臂伸到胸前，掌心朝下，用另一只手压着肘部，拉伸肩膀后部（三角肌）。在这个姿势的基础上，头部向拉伸肩膀的对侧倾斜，拉伸肩胛骨的内侧。

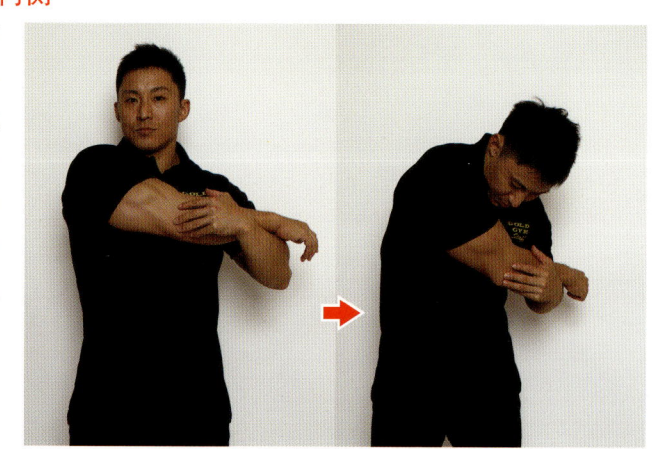

颈部、肩部、胸部的上部

这是拉伸颈部上方、颈部周围、肩膀后面和胸部上方（胸小肌）的动作。将一只手肘弯曲放到身体后面。头部向弯曲肘部的对侧倾斜。想象肌肉因为头部的重量而自然伸展。

胸部上方

这是拉伸胸部上方（胸小肌）的动作。一只手臂向上伸直置于墙壁等地方。上半身轻微倾斜以拉伸胸部。

肩部前侧

身体与墙呈直角站立，将上臂高举至与地面平行，手肘呈 90° 弯曲靠在墙壁上，固定住这个姿势。展开胸部，肩胛骨后缩，拉伸肩部前侧。

医生的观点 "肩伤大致分布在肩部上方和肩部前侧"

"称为'棒球肩'的症状通常在初中或高中开始出现。症状的第一阶段是'很痛，但可以动。'第二阶段是'不能动'。发展到第二阶段，运动员就必须进行治疗。

一般来说，如果在肩关节无障碍活动之前就开始投球，通常无法取得好的成绩。因此，一名投手在治疗期间最好集中做击球训练，等肩伤完全康复后再回到原来的位置，最好进行与以往不同的训练项目。

肩部的损伤大致可以分为两类：肩部上方（如冈上肌、冈下肌等）和肩部前方（如盂肱韧带等）。根据投球的动作形式，这些损伤的情况会有所不同。投球前手臂进行后摆时，肩部前方的肌肉会被拉伸；而在释放球后进行随后的动作时，肩部上方的肌肉也会被拉伸。在这一过程中，有可能会发生损伤。因此，为了避免肩部受伤，放松周围的肌肉是非常有效的。"（益子泰雅）

整体肩部周围

各个方向拉伸过之后，最后再整体地拉伸一下肩部周围。

在胸前握住毛巾的两端，保持伸展的状态将毛巾绕到脑袋后侧。感受着胸部、肩部、肩胛骨周围的拉伸。

医生的观点　"肩痛有可能是肩胛骨周围的肌肉疼痛"

"肩部疼痛可分为两种：肩部上方（如冈上肌、冈下肌等）和肩部前侧（如盂肱韧带等）。上方疼痛的人，相应的肩部后方的肌肉也会有紧张的倾向，前面有疼痛的人，在向后背起手臂时会感到疼痛。

此外，在很多情况下，那些声称自己'肩部疼痛'的人，实际上受伤的是肩胛骨周围的肌肉，而不是肩关节。像健美运动员铃木雅那样高强度训练的人，也可能是肱二头肌的长头肌腱的疼痛。虽然这是手臂上的肌肉，但位置靠近肩关节，所以人们觉得是'我的肩膀疼'。

为了防止肩部疼痛，进行整个肩部周围的调节非常重要。"（益子泰雅）

热身

"肩"这个简单的词涉及许多肌肉的运动。为了改善肩部周围的状况，让每个肌肉都正常地工作很重要。这些都是连带的动作，所以在热身时，不是考虑哪一块的肌肉，而是要考虑整个肩部周围。

拉伸后，用这里介绍的热身方法来提高肩部的灵活性和活动范围。

热身
锻炼肩部内侧的细小肌肉（肩袖肌）的练习。

像这样卷起厚毛巾。

将毛巾放在肩胛骨之间，抬起头，伸展胸部。

先从上举开始。举起双臂，使手掌相对，扭转肩胛骨并将手掌向外。放松肩膀并活动肩胛骨。这样做大约 20 次。

接下来，将手臂放在身体两侧。一只手的手背朝上，另一只手的手背朝下。放松肩膀，在活动肩胛骨的同时左右交替扭转。这样做大约 20 次。

体育科学研究者的观点 "在锻炼深层肌肉的同时进行浅层肌肉的锻炼"

"如果只关注于'投掷'，可能会更多地讨论深层肌肉的重要性。然而，棒球的动作不仅仅是'投掷'，还有打击，以及滑行捕球等动作，因此锻炼浅层肌肉是有意义的。

不过，只要参与棒球运动，'投掷'的动作是必然的。即使是锻炼浅层肌肉，保持肩关节的柔韧性也是绝对必要的。肩关节是球窝关节，可以向多个方向运动。无论是深层肌肉还是浅层肌肉都应训练，但为了保持肩关节的运动，应该进行使用弹力带的外旋和内旋运动等训练。在进行深层肌肉的训练之后，投手也应该适度积极地进行浅层肌肉的训练。"（前田明）

第五章　肩部·状态调节和训练的思路·

单手置于肩上，然后转动肩膀。身体放松，想象着用惯性来转动。感受肩部逐渐变得柔软。进行 15 圈左右。

逆时针转动也要好好做。一边肩膀转动结束后换另一边肩膀转动。

肩部的训练思路
用比赛时做的动作举哑铃

下面我们就来介绍一下以肩部肌肉为重点的训练项目。请注意，在尝试这些训练之前，应该先进行本章介绍的拉伸和热身运动以改善好肩部的状态。

运动界经常提到深层肌肉的重要性，但深层肌肉的基本作用是有效地传递浅层肌肉的力量。当通过深蹲或硬拉等运动增强核心的大肌肉群时，还需要增强相应的肩部和手臂肌肉。如果肩部和手臂的肌肉较弱，就无法将从核心产生的投掷力量有效传递到指尖，这可能导致肘部的肌腱等损伤。因此，在充分锻炼核心的同时，也应该充分锻炼肩部和手臂的力量。此外，为了将力量从核心肌肉（如背部、胸部和竖脊肌）传递到球或棒球上，也应该加强肩部和手臂等深层肌肉的训练。

本章将介绍哑铃侧平举、哑铃直立划船、俯身哑铃屈臂和哑铃阿诺德推肩这些锻炼肩部浅层肌肉（三角肌）的动作。通过正确姿势进行哑铃侧平举、哑铃直立划船、俯身哑铃屈臂等训练，不仅可以锻炼浅层肌肉，还可以锻炼深层肌肉。但要注意，如果姿势错误，那么就不会用到深层肌肉。

无论是投球还是击打肩部都无须过度用力。在投掷动作中，肩部力量仅瞬间使用。投球或挥棒前将手臂后引时一定是放松状态。指尖的力量和肩胛骨周围的肌肉是联动的，指尖放松的话，肩胛骨就会更容易活动。投球时，指尖放松，最后离手的瞬间发力，此时肩部和背部也会无意地用力。一边想象着投球动作，一边做哑铃侧平举之类的运动也很重要。并且不要慢慢举起，而是轻握哑铃，瞬间发力可以利用反作用力。

在俯身哑铃屈臂中，不仅要运动肩部，还要同时活动肩胛骨，并感受肩部肌肉。哑铃阿诺德推肩也是如此，与其说是"锻炼肩部"，不如试着用比赛时做的动作举起哑铃。

每个项目，选择可以轻松举起15～20次的哑铃重量。推荐做3组。动作要保持良好的节奏。

需要注意的是，不要"为了训练而训练"。打棒球所需要的不是大块的肌肉，而是可以在比赛中使用的力量。为此，仔细思考为什么要进行训练非常重要。

哑铃侧平举

双手握住哑铃，使其稍微远离身体。手腕不要向后转，稍微向内一点儿。举起哑铃时不是"向上举"，而是打开肘部"向外举"。动作过程中拇指不要指向上方，保持手掌朝下。

关于如何站立

脚的宽度大约是肩宽和腰宽的一半。上半身挺直或稍微向前倾。

动作要点

举起哑铃时，确保肘部和肩部处于同一高度。动作中想象"肘部正在远离身体"。投手应该想象投球时手臂后引的动作来举哑铃。

哑铃直立划船

起始动作与哑铃侧平举一样。动作中不要向肘部外侧,而是要向上提起。

动作要点

很像哑铃侧平举的动作,但哑铃直立划船是以肘部为主导向上提起哑铃。使用斜方肌等肩胛骨周围的肌肉来做这个动作。

第五章　肩部·状态调节和训练的思路·

俯身哑铃屈臂

　　双脚宽度与哑铃侧平举一样，提臀前倾。

错误

　　做这个动作时，腰部既不要弯曲也不要伸展，保持一个自然的状态。

　　在正常的俯身哑铃屈臂中，肘部向外是可以的，但这会限制肩部的运动。为了使其在比赛中发挥作用，需要和哑铃直立划船一样，以肘部为主导向上提起哑铃。

77

哑铃阿诺德推肩

弯曲肘部,将哑铃放在下巴前面。感受肩部(三角肌),手腕放松。肘部向两侧打开,扭转肩部,猛地用力将哑铃向上推。

注意不要抑制动作(末端释放)。上举的初始动作要快并且有节奏。

体育科学研究者的观点 "不要再让身体肌肉变得僵硬,一起做训练和拉伸"

"肩部是执行复杂动作的关节,而三角肌在上举手臂时发挥作用。通过增强肩部力量可以对击球、伸手接球等动作产生积极作用。对于运动员的躯干(核心)来说,深层肌肉和浅层肌肉一起锻炼很重要。除此之外,最好也训练一下肩部。

投手有时也难免使用不稳定的姿势投球,肩部训练在这种情况下发挥作用。建议进行轻负荷训练。需要注意的一件事是,肩部周围的僵硬会对比赛产生负面影响。应该拉伸身体以保持灵活性。"
(前田明)

第六章

下肢

· 创造出身体动作的"基础" ·

强化下半身的代表项目
多种蹲起动作的攻略法

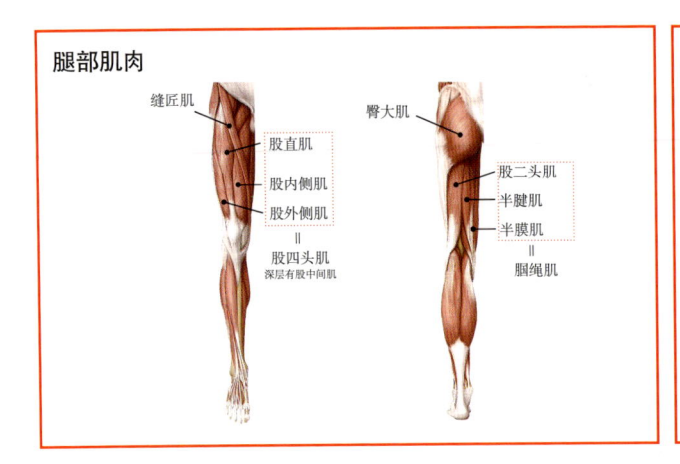

腿部肌肉

缝匠肌
股直肌
股内侧肌
股外侧肌
＝
股四头肌
深层有股中间肌

臀大肌
股二头肌
半腱肌
半膜肌
＝
腘绳肌

棒球动作中的主要肌肉

"投球"支撑双腿大幅度张开的肌肉
・股四头肌、缝匠肌、股二头肌、内收长肌、小腿三头肌

"击打"从支撑脚到迈出脚的重心移动会产生力量
・臀大肌、臀中肌、股四头肌、腘绳肌（股二头肌、半膜肌、半腱肌）、内收肌、缝匠肌、小腿三头肌

　　下肢是进行身体运动的基础。从损伤预防和康复的角度来看，训练下半身对于双脚在地面上发挥强大的力量具有重要意义。此外，提高表现的最重要因素是确保下半身的最大瞬间爆发力。为此目的进行的代表练习是深蹲。在第二章"梨状肌"中已介绍了深蹲，这一章里将更深入地研究深蹲的方法论。

　　棒球技术动作中主要使用肌肉的部位因人而异。在投球和击球时，有主要使用腘绳肌（大腿后侧肌肉）的人，有主要使用股四头肌（大腿前部肌肉）的人，还有主要使用臀部肌肉的人。深蹲训练也是如此，大致可以分为"从膝关节开始弯曲的类型"和"从髋关节开始弯曲的类型"的动作。在解释深蹲动作时，人们常说"蹲下时屁股向后坐""膝关节不要向前伸"，但对于"从膝关节开始弯曲的类型"的人来说却很难做到。

　　这是因为髋关节灵活性和周围的肌肉或腘绳肌柔韧性较差的人在深蹲时，往往会更多地使用股四头肌，膝关节就会有向前伸的倾向。重要的是需要首先弄清楚自己属于哪种类型，是应该从膝关节弯曲还是从髋关节弯曲。在进行深蹲时，用自己觉得舒服的方式来进行，而不是遵循教科书的动作。本章，我们将解说如何识别类型、如何进行每种类型的深蹲以及需要注意的事项。

基本姿势

双脚与肩同宽。使脚趾指向前方或以自然的姿势稍微打开。这时感到腰部或髋关节疼痛的人，可以将双脚分开至与腰同宽。下蹲要足够深，使髋关节低于膝关节。但不要降低到让背部弯曲或拱起的程度。

判断深蹲的类型的方法

从膝关节开始弯曲的类型

将杠铃杆放在脚前，伸展双臂并怀抱在身体前方。自然蹲下、腰背挺直、上半身前倾，此时目光下垂的人，或者难以向前看的人，是使用股四头肌的"从膝关节开始弯曲的类型"。

从髋关节开始弯曲的类型

面朝正前方蹲下并保持背部挺直的人，是使用腘绳肌或臀部肌肉的"从髋关节开始弯曲的类型"。

多种蹲起动作的说明及其注意要点

◎ 从膝关节开始弯曲的类型

将杠铃杆放在肩膀后部的凹陷处（三角肌后面），该凹陷是通过挤压肩胛骨形成的。放松上半身并保持姿势下蹲，想象自己背着什么东西。

错误

如果是从膝关节开始弯曲的类型的人，将杠铃杆放在肩膀上方的话，上半身就会施加力度，腰部也会弯曲。而将杠铃杆放在肩膀下方可以减轻腰部的压力，使上半身更容易放松。

医生的观点
"注意给膝关节的压力"

"深蹲是一项多关节运动，需要用到髋关节、膝关节和踝关节。重要的是髋关节能弯曲多少。如果你尝试只用膝关节进行深蹲，必然会伤到膝关节。

腿伸直时，膝关节的角度称为'伸展0°'，而最大弯曲时的角度称为'屈曲135°'。当膝关节弯曲时，从伸展30°到屈曲100°的角度，膝关节几乎不会受到压力。膝骨性关节炎患者或前十字韧带撕裂患者的康复训练通常在这个角度进行。屈曲100°几乎与深蹲的起始姿势（髋关节低于膝关节的位置）一致。

膝关节是人体中最大的关节，但只能向伸展（伸直）和屈曲（弯曲）两个方向运动。与可以向各个方向活动的髋关节不同，膝关节不能向左右分散从上方获得的负荷。这就是为什么在训练时注意膝关节上的压力是有效的。"

（益子泰雅）

◎从髋关节开始弯曲的类型

将杠铃杆背在斜方肌稍微上方的位置。目视前方，像坐椅子一样深蹲。

错误

视线不要向下。低头的话，上半身会前倾，给膝关节带来负担。

错误

不要耸肩，上半身要放松，在肩膀自然下垂的状态下背杠铃杆。

适用于棒球选手的两种下半身的训练项目

优秀的投手往往臀部肌肉很发达。培养和保持高度发达的髋关节周围肌肉及其灵活性,对于提高运动表现和预防运动损伤非常重要。就像上一节中说明的深蹲动作一样,对于锻炼姿势来说,重要的是不要盲目地进行,而是以一种可以防止受伤并有效训练的方式进行。

宽站距深蹲不仅可以调动股四头肌和腘绳肌,还可以调动在闭合膝关节和收紧髋关节时起作用的微小肌肉,如内收肌和耻骨肌。此外,由于动作是在上半身直立的情况下进行的,因此与常规深蹲相比,腰部的负担较小,并且臀部更容易承重。双腿的宽度与投球或击球时的宽度相似,因此这种深蹲很适合棒球运动员。

如果使用健身房等训练设施,有一些机器可以坐着锻炼内收肌,但在竞技运动中,内收肌、耻骨肌和腹内斜肌等肌肉会是联动的。坐着训练时,只能锻炼到内收肌,因此从提高竞技技术的角度来看,最好是在双脚着地的情况下,以协调的方式训练每块肌肉。

同样地,女性中受欢迎的臀推也是有效的。这项训练原本是田径短跑运动员的训练内容,通过髋关节伸展(挺直髋关节、收紧臀部)的动作来发挥肌肉力量,同时还带动了内收肌。髋关节的伸展是许多竞技体育中的必要动作,而在此过程中所发挥的肌肉力量对于产生技术动作力量至关重要。

此外,深蹲是双脚着地进行的,因此对腘绳肌的负荷与实际比赛中的负荷相似。在深蹲中,髋关节的伸展运动(站立时)不会施加任何负荷,但在臀推中,动作(臀部抬起的状态)施加了很大的压力。这是锻炼支撑身体的肌肉的有效练习。

医生的观点 "膝关节的损伤预防和髋关节、脚踝也有关系"

"使用膝关节的次数越多,软骨的磨损就越严重。对于运动员来说,半月板和软骨的损伤是致命的。

膝关节位于腿的中部,一端是髋关节,另一端是踝关节。从防止受伤的角度来看,维护腿的两端,即髋关节和脚踝,而不是膝关节本身是有效的手段。有很多老年人患有膝骨性关节炎疾病,这些人也会患有髋关节骨性关节炎疾病。有膝关节炎的人应先进行髋关节炎的治疗。进行手术也是一样,要以髋关节、脚踝的顺序治疗,最后再进行膝关节的手术。

对于运动员来说,在不对中部(膝关节)施加压力的情况下,进行针对端部(髋关节)的训练是一种合乎逻辑的方法。在运动的时候,利用髋关节来保护膝关节是非常有效的。"(益子泰雅)

宽站距深蹲

　　双脚以比肩膀宽约一脚长的距离站立。脚趾以自然角度朝外。如果是从膝关节开始弯曲的类型的人，将肩胛骨并拢，将杠铃杆放在肩膀后部（三角肌后面）的凹陷处。如果是从髋关节开始弯曲的类型的人，将杠铃杆背在斜方肌的稍微上方的位置，然后背部挺直蹲下。

动作要点

　　在动作过程中，保持上半身自然直立。如果做不到这一点，投球时就会身体前倾，膝关节朝向脚趾方向。就像第29页介绍的深蹲一样，练习时掌握动作前不要增加任何重物，动作熟练后使用能举起10次的重量。推荐做2组。

臀推

◀将肩胛骨放在长椅上，使身体与长椅形成交叉（十字形）。双脚与肩同宽，如果重心在外，那么将无法使用内收肌或耻骨肌等肌肉，要将力量均匀地分布在双腿上。消除颈部和上半身不必要的压力，并将杠铃杆放在髋关节上。选择一个可以充分伸展髋关节的杠铃杆重量。

◀抬头的同时收紧臀部，同时用内收肌收紧髋关节，并抬高杠铃杆。举起杠铃杆后，保持髋关节伸展，然后放下。使用能举起10～15次的重量。做2组。可以利用体重在地板等地方进行练习。

◀如果低头，髋关节就不能伸展，负荷就会转移到腿上。另外要注意，如果脚的间距很窄的话，将无法合理使用髋关节周围的肌肉。

第六章 下肢·创造出身体动作的"基础"

只是"进行训练"就够了吗？在比赛中发挥锻炼效果的注意要点

为了得到更高的运动表现，重要的是知道如何在放松的状态下将力量从髋关节传递到躯干（核心）。对此，髋关节周围肌肉的运动就很重要，如果这里的活动较差，力量的传导率就会较低。

此外，当对双脚用力时，膝关节周围往往会紧张，从而使髋关节难以活动。相反，放松脚底，髋关节会更容易活动。不善于使用身体的人往往会将力量集中在脚底，这可能会导致无法充分使用髋关节而受伤。

由于投手是单腿站立的，因此必须利用臀部等髋关节周围的深层肌肉或浅层肌肉来稳定身体。将杠铃杆放在肩膀上进行深蹲可以增强这些肌肉，但深蹲并不伴随旋转运动。

训练一定会增加肌肉，使身体变得更重。有人经常说，"锻炼肌肉后，我的动作变得更糟了"，或者"我的冲刺变得更困难了"，这就是不能仅进行肌肉锻炼的原因之一。动作不灵活的原因有血液循环系统或运动神经系统跟不上肌肉的发育，深层肌肉的力量跟不上浅层肌肉的力量。

低年级在无法上场比赛时是最好的强化时机。但即使拥有了强大的力量，不好好利用的话也会变成损害身体的元凶。强化下肢力量，也不要执着于锻炼肌肉量，要为了打棒球进行正确的训练，同时提高平衡性和联动性。

培养平衡力

这是在不稳定的条件下保持平衡的训练。将瑜伽球夹在墙壁和上半身之间，将一只脚放在另一只脚的跟腱上。将手轻轻放在球上，上下移动脚后跟。

进阶动作

一旦习惯了这个动作，尝试举起双手并将整个身体重量放在球上。这比看起来更困难，因为不能保持平衡的话是无法抬起脚后跟的。

调动敏捷性使锻炼出来的肌肉之间联动

◀使用棍棒、迷你障碍栏等进行的敏捷性训练。动作要点有两个："保持膝关节伸直"和"不要弓背（不要使骨盆向后倾斜）"。这是用腿一步一步前进的训练。注意不要弯曲支撑腿的膝关节，将迈步腿的膝关节向正上方抬高，并用力将大腿向上抬。

◀注意不要晃动支撑腿。髋关节不向后倾斜的话，双腿无法抬起太高，因此可以将障碍物设置在膝关节左右的高度。抬起双腿，不要弓背，保持背部挺直。

◀将膝关节抬至身体侧面的跨栏版本。从侧面抬起膝关节并转向正前方。在此期间，用支撑腿牢牢地支撑身体。

◀注意头部的位置，从侧面抬起膝关节时，保持身体挺直，以免头部跟着不规范的动作歪斜。

# 第七章

上肢

·肱三头肌、肱二头肌、前臂和手指·

上肢将身体的力量传递到球上
不仅是手臂，手指的拉伸也很重要

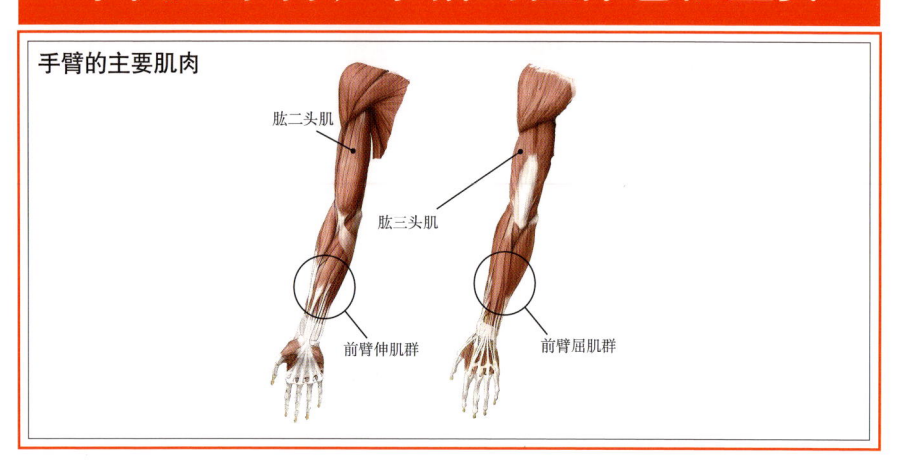

手臂的主要肌肉

- 肱二头肌
- 肱三头肌
- 前臂伸肌群
- 前臂屈肌群

上肢在棒球中的作用根据击球或投球方式的不同而有所不同，但基本上都是将躯体（核心）力量传递给球或球棒。上臂的主要肌肉包括肱二头肌、肱三头肌。顾名思义，肱二头肌有两个头（长头、短头），肱三头肌有三个头（长头、外侧头、内侧头）。肱二头肌的两个头和肱三头肌的三个头起自肩胛骨，延伸到肘部。换句话说，这些肌肉不仅跨越肘关节，还跨越肩关节，因此它们也与肩部周围的活动有关。

从前臂到手指有许多细长的肌肉，它们大致可分为伸肌群和屈肌群，伸肌群使手腕和手指伸展，屈肌群使手腕和手指弯曲。其中还有肌肉从肘部开始一直延伸到手指。也就是说，手指和肘部是通过肌肉连接起来的，与二者的相互动作、灵活性都有很大的联系。

比赛中无法使用锻炼出的肌肉，或无法有效发挥身体原有功能等现象，往往是由于柔韧性差造成的。手臂拉伸不足会导致肩胛骨的活动范围变小。相反，拉伸可以改善肩胛骨的活动范围。

此外，旋转肩胛骨时也会伴随着扭转上臂的动作。前臂也参与了肩胛骨的运动，所以想要保持肩部的活动，还应该拉伸前臂。

手指是最终将躯干（核心）和手臂的力量传递到球的部位。手指的力量会影响肘部的肌腱和手腕的灵活性，因此一定要充分拉伸。人的手指很细，在许多情况下又不能精确地活动。只需将手指逐一拉伸，就可以更轻松地控制力量并提高握力，在日常练习中应对此多多实践。

肱三头肌拉伸①

将球或类似物体压在手臂后部伸展的状态下按压时会感到疼痛的部位。可以简单地用手臂的重量按压球，也可以像按摩一样滚动球。

肱三头肌拉伸②

向上伸直一只手臂后弯曲肘部。用另一只手抓住弯曲的肘部并将其拉向头部。不仅要拉伸肱三头肌，还要拉伸肩胛骨的周围。

肱二头肌拉伸

将手臂伸到身后，手掌放在椅子上。保持肘部伸直，不要弯曲。抬起胸部并伸展肱二头肌。

前臂和手腕拉伸

向外展开前臂（旋后），然后将手放在椅子、桌子等上面，同时转动手腕。伸展前臂，同时将身体重心向后转移。

手指的 PNF 拉伸

伸直肘部并反压手腕，将手指一根一根地拉向身体。这时，被拉伸的手指用力反抗拉力，再突然放松。重复这个"用力"→"放松"的过程。

医生的观点 — **"手指僵硬的话是无法控制球或者球棒的"**

"与过去相比，我觉得患有所谓的'棒球肘'的人越来越少了。这种疾病是运动员在打棒球时出现无法伸直肘部的情况。原因可能是运动员自己在出现这种病情前就停止了训练，或者有人及时制止了运动员继续投球。'棒球肘'的正式名称是'肱骨外上髁炎'，但现在更多称它为'网球肘'。

然而，即使肘部没有问题，也有很多人的手指僵硬，无法将手指向手背方向弯曲。在棒球运动中，基本上手里拿着的都是一些坚硬的东西，比如球或球棒。如果手指很硬，那么手指和球就会'硬上加硬'。如果手指和球是软和硬的组合，就会很贴合。打棒球时保持手指灵活很重要。

现在的石膏非常先进，受伤时不再需要大范围固定身体。但在过去，如果手腕严重骨折，石膏会从手腕固定到肘部。像是桡侧腕长伸肌和桡侧腕短伸肌等前臂上的肌肉，起始于肘部，通过手腕连接到手指。所以手腕骨折时，大范围用石膏固定肘部是为了防止桡侧腕长伸肌和桡侧腕短伸肌活动。从这个意义上说，手指、手腕和肘部是通过肌肉连接起来的，甚至在某些方面是协同活动的。"

（益子泰雅）

肱三头肌的训练

不要执着于单纯的"练肌肉"

手臂训练的重点不是让手臂变粗，而是学习如何用力投掷和用力击球。对于竞技运动员来说，塑造可以防止受伤的身体也很重要。对于投手来说，最重要的两件事是"获得足够的肌肉力量来传递躯干（核心）力量"和"避免受伤"。

在棒球中，手臂的作用是将躯干（核心）的力量传递给球或球棒。在运动过程中，会使用到躯干（核心）的全部力量，所以如果手臂无力，就可能导致受伤，或者无法传递足够的躯干（核心）力量。

不要只专注于训练手臂肌肉。虽说手臂肌肉力量的提高有助于投掷，但如果在投掷时仅仅依靠手臂力量，就会养成难以使用躯干（核心）力量的坏习惯。所以不要因为锻炼了手臂而改变基本的投掷方式。

本部分主要介绍肱三头肌的训练，肱三头肌是在伸肘、推等动作时用到的肌肉。肱三头肌通过肩关节连接到肩胛骨。因此，不要仅仅弯曲和伸直肘部，还要选择能举起手臂或向后拉动肩关节的活动项目。

直立臂屈伸 / 法式弯举

这项练习训练肱三头肌的"长头"，肱三头肌从肩胛骨外侧延伸并连接到肘部。握住哑铃，上举手臂并弯曲肘部，保持这个姿势，笔直地向上伸肘举起哑铃。哑铃选择可以做大约15次的重量，做3组。

第七章 上肢·肱三头肌、肱二头肌、前臂和手指·

动作要点

上举肘部时，有意识地将手臂内侧的肌肉靠近肩膀，再上举。哑铃不应握太紧，轻松握住即可。

错误 肘部不要展开，要稍微闭合，贴近耳朵。

错误 肘部不要向前突，尽量向身体后方伸。

窄距卧推

与锻炼胸部的常规仰卧推举不同,窄距卧推更多地锻炼手臂。可以使用长椅进行。双手握距比常规仰卧推举要窄,握距大约与肩同宽。保持这个姿势,弯曲肘部,降低杠铃杆,想象在"折叠肘部"。在杠铃杆接触到身体之前停止,伸直肘部并返回到起始姿势。杠铃杆选择可以做大约15次的重量,做3组。

正确

握住杠铃杆的支点是小指。也可以松开拇指。

错误

如果用拇指和食指握住杠铃杆的话,将会更多地锻炼到肩部和胸部,而非肱三头肌。

俯身臂屈伸

上半身和上臂与地面保持平行，弯曲肘部，轻微固定姿势。伸肘，将握着哑铃的手向后伸展。肘部不要过于僵硬，动作过程中稍微有些摇晃是可以的。选择能够完成约 15 次的重量，做 3 组。

错误

肘部上举太浅，动作幅度不够。上半身没有与地面平行。

医生的观点
"因为手臂力量弱导致肩部受到冲击也是有可能的"

"手臂力量不足，上肢和躯干的肌肉力量平衡会被打破，从而导致肩部受到冲击。从这个角度看，球员必须具备不逊色于躯干力量的上肢力量。

人在运动时会形成'墙'。例如，在网球发球时，从右方打向左方时，必须将左肩向里收，以防在起高球时身体向外展开。这样可以将重心稳定地放在身体上。棒球投球时，许多日本投手会大幅向前踏步，以降低身体的位置。在这种情况下，前方的阻力会随之增大。适合日本人身体的投球形式是一种形成'墙'的感觉，将力量传递到'墙'上面的姿势。因此，关键在于如何增强与'墙'之间的力量。如果躯干强壮，但手臂力量却不够，可能会导致肩部承受负担。"（益子泰雅）

肱二头肌的训练
连带着活动肩关节的动作

上臂肌肉主要有肱二头肌和位于其后面的肱三头肌。肱三头肌经常在比赛中使用，且由于其在日常生活中几乎没有特别使用，因此会更多关注肱三头肌而不是肱二头肌的训练。然而，手臂内侧和外侧的力量之间的平衡也很重要。因此不仅需要锻炼肱三头肌，还需要锻炼肱二头肌。

注意点与肱三头肌的训练一样，保持肩关节固定时，不要只选择仅能活动肘部的项目。手臂的动作，不仅是"活动手肘"，还要同时活动肩关节。

肱二头肌有两个头，即长头和短头。两者都起于肩关节，止于肘部，跨越两个关节。对于手臂训练，最好做既能活动肘部又能活动肩关节的动作，比如上斜哑铃弯举等动作。这个动作需要将手臂向后拉，伸展肩关节。

此外，手臂上还有一块仅横跨肘关节的肌肉，称为肱肌。肱肌负责承受击球瞬间带来的影响或者冲击。可以进行针对肱肌的锻炼，如锤式弯举。

选择杠铃而不是哑铃来进行站立臂弯举，这是锻炼肱二头肌的一种经典方式。因为与哑铃相比，杠铃可以让肩部在相对放松的情况下进行动作。

杠铃弯举

双脚张开与肩同宽，站立。双手握住EZ杠铃杆外侧。看着杠铃杆，屈肘弯曲手臂，将杠铃杆上举。

第七章　上肢·肱三头肌、肱二头肌、前臂和手指·

动作要点

不要想着用肘部举起杠铃杆，而是专注于感受使手臂内侧靠近肩部的肌肉收缩，然后将杠铃杆笔直地向上举起。不要将杠铃杆握得太紧，松一点也可以。杠铃杆选择可以做10～15次的重量，做3组。

关于握法

对于杠铃弯举来说，握力也很重要。将杠铃杆握在手掌中时，想象杠铃杆是"放在手掌上"的，而不是"握住它"。

正确

错误

用手指握住杠铃杆是错误示范。它会给前臂带来额外的压力。

错误

这是用肩部借力举起杠铃杆时肘部弯曲和伸直不充分的错误示范。要做到肘部从完全地伸直到弯曲。另外，不要借力太多。

97

上斜哑铃弯举

这是锻炼肱二头肌内侧（短头）的动作。短头连接到胸部的外侧（喙突），通过倾斜上半身，增加胸部和肩部之间的距离使动作行程变长。通常在卧推凳上进行，但也可以使用椅子代替。

将身体向后倾斜，垂直放下手臂。彻底拉伸肱二头肌后，弯举哑铃。放下的时候要慢，伸直肘部。动作过程中，保持上臂垂直于地板。举起时，注意肘部不要过于向前。哑铃选择可以做 10～15 次的重量，做 3 组。

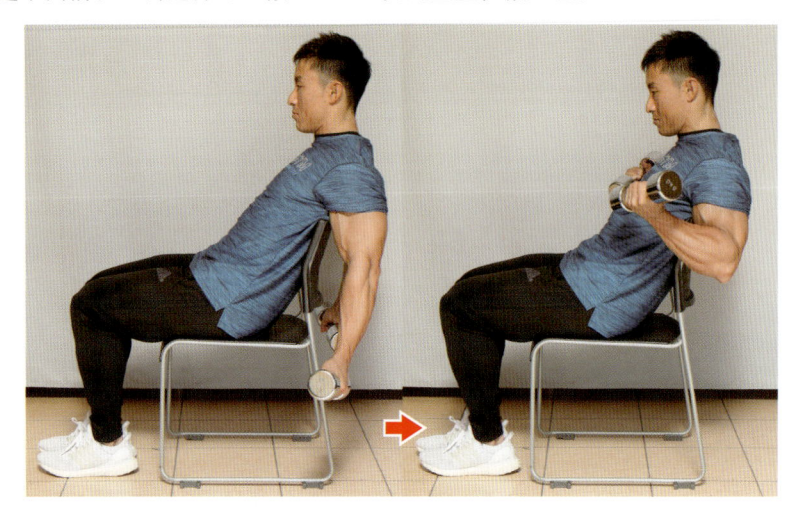

锤式弯举

这项练习可以锻炼肘部的肱肌。站立姿势与杠铃弯举相同，双手握住哑铃，大拇指朝前。弯曲肘部并上举哑铃。

动作过程中，肘部保持固定。确保肘部不要向前或向后移动太远。哑铃选择可以做 10～15 次的重量，做 3 组。

前臂和手指的训练

注意不要握得太紧

在上肢中，手指的力量被认为比前臂的力量更重要。手指肌肉与肘部相连，手指无力会导致肘部受伤。另外，投球时，手指必须伸直才能释放球，所以对手指力量的要求相当高。击球时也是，如果握球棒的力较弱，手指就要承受击球的压力。因此，需要有足够的手指力量，才能抵挡住瞬间的冲击。

过度紧张会限制关节的运动并影响整个身体的运动，因此在训练过程中，保证关节的活动范围的同时，进行发力和放松都很重要。手指也是如此，如果从动作一开始就用力握住哑铃，肩部力量和肩胛骨周围的活动都会受到限制。

肩部疲劳的原因之一是投手在反复投球过程中握力逐渐减弱。此外，如果过度使用肌肉会变得僵硬，因而不能发挥出强大的力量。为了避免这种情况的发生，应该训练在投球和遭受冲击的瞬间自然施力的能力，而不是紧握住球。

但如果使用的重量太轻，训练效果也不会明显。训练中重要的是每次都要施加强大的力量，并且能够保持这一力量。在此次介绍的动作练习中，建议选择能完成20～30次的重量。

反握腕弯举

手指并拢，握住哑铃。然后将哑铃从手指上举起。快速、小浮动的举起动作是错误示范。要像将哑铃挂在手指上一样，一次一次地做充分。目标是3组。本练习也可以使用杠铃。

正握腕弯举

本练习也可以使用杠铃代替。要感受到前臂肌肉被拉伸，确保肘部完全伸直，然后在这个状态下翻转手腕并卷起。此外，如果握得太紧并快速运动，则前臂和手指得不到充分锻炼。卷起后，要放松并放下。力量不需要持续保持，而是要反复进行"用力—放松"的动作。

关于握法

握法很重要，不是紧紧地握住，而是像把哑铃勾在手指上一样握住。

正确

错误

拇指握着哑铃是错误示范。用4根手指固定哑铃。

卷腕

使用专业器材卷起哑铃。

将手掌打开，左右交替着卷起哑铃。每一回都要紧紧地握住。

错误

做动作时，肘部不要弯曲。要保持肘部伸直后再向上卷起哑铃。

握力器

使用专业器材，用手指第二个关节，每一回都要完全地握住。

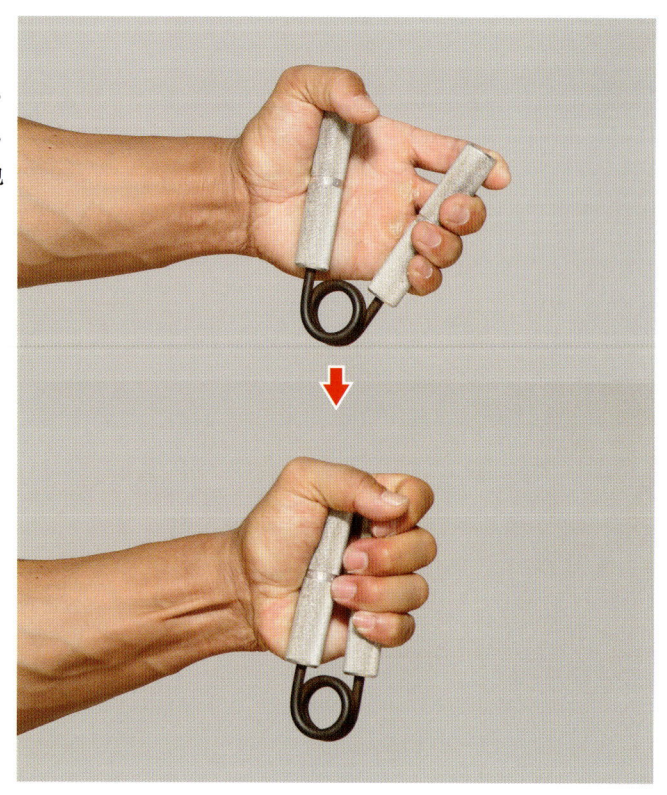

哑铃单手扔接

垂直握住哑铃，用指尖将其抓起。抬高一定高度后松开哑铃并立即抓住它。哑铃的重量很重要，选择一个可以做 20～30 次重量的哑铃。在安全的地方进行此锻炼。

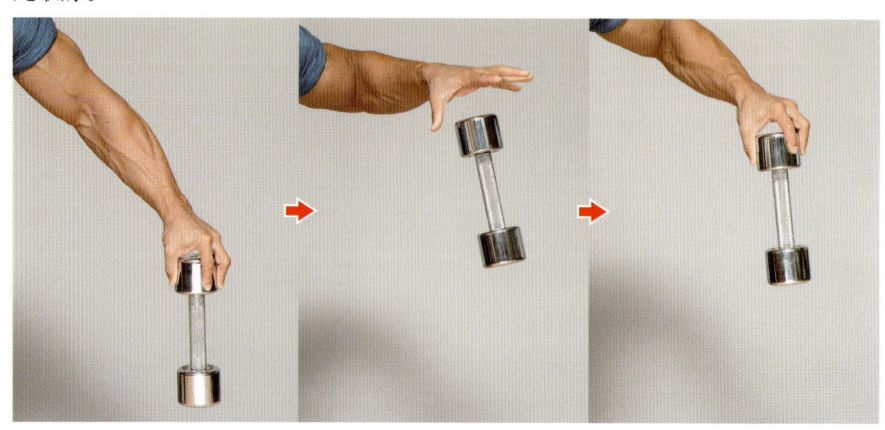

第八章

胸部

· 构成胸部的肌肉调节 ·

胸部肌肉对于投手来说很难控制
首先保证胸大肌和胸小肌的柔韧性

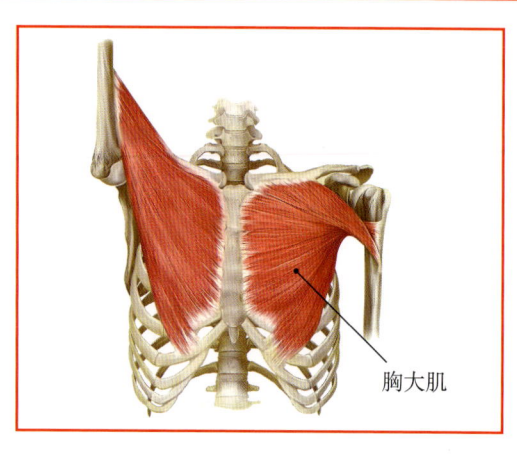

胸大肌

棒球运动员，尤其是投手，胸部肌肉极难控制。事实上，主动训练胸大肌的投手很少。也有人认为，如果胸大肌过度发达，就会影响比赛中的其他行动。对于"投球"，这是一个没有吸引力的部分。

胸大肌并不是构成胸部的唯一肌肉。胸大肌深处是胸小肌，其下方是前锯肌。在投球前，手臂会有一个向后伸展作为助力的动作，这时会用到胸小肌。

此外，肩部、胸小肌、前锯肌和腹部肌肉都是相连的，如果这些肌肉功能有问题，肩胛骨的运动就会受到限制。

要想有效地使用这些部位，就需要有收紧肋骨的力量和胸小肌的高灵活性。如果投球时肋骨保持张开状态，将无法发挥躯干（核心）力量，也无法投出有力的球。此外，我们也能看到，投手如果惯用右手，他的右肩会前倾，逐步发展成右肩周围肌肉挛缩并伴随疼痛的人有很多。胸小肌从肋骨延伸到喙突，当它收缩时，会使肩膀向前突出。

当胸小肌和胸大肌具有柔韧性时，肩胛骨就变得更容易活动，更容易进行投球前的助力。肩膀也不会向前倾斜。

如果胸小肌和胸大肌僵硬，锁骨的活动将受限，腹部肌肉和髂腰肌挛缩，会导致下半身功能受限。对于右撇子，身体侧屈会变得更困难。从预防运动损伤的角度来看，没有必要将锻炼胸部优先于锻炼其他的身体部位，但胸大肌和胸小肌的柔韧性练习十分重要。

下面，我们将介绍针对胸大肌和胸小肌的拉伸运动。希望运动员们在练习或训练之前做好拉伸运动。

检查锁骨的活动度

俯卧在垫子上，双臂放在背后，手掌朝上。

保持上述姿势，双手伸向天花板。手向上伸得越高，锁骨的活动度就越大。这个检查也可以作为拉伸运动。注意感受肩部周围的活动改善。

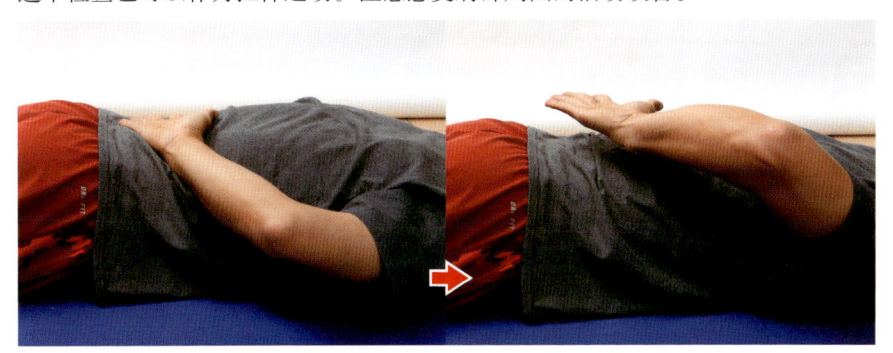

医生的观点　"形成'墙'时需要身体前面的肌肉"

"运动员们很少谈论有关胸大肌的话题。很多运动员甚至避免锻炼胸大肌，因为锻炼胸部会影响身体的活动能力。

人们在走路时会使用腿部肌肉。利用大腿前面的肌肉加快速度，利用大腿后面的肌肉减速制动。棒球运动则相反，大腿后面的肌肉用于快速移动，大腿前面的肌肉用于停止动作。保持姿势时，会筑成一面'墙'。建造'墙'时，需要胸大肌等前侧肌肉。但是，如果过度训练胸大肌，肩部就会变得很难活动。胸小肌也是肩部活动的一部分。锻炼胸小肌对于肩膀放松来说也是有意义的。"（益子泰雅）

体侧屈

将身体横向倾倒，以胸部、侧腹部的顺序伸展。完全拉伸并静止15秒。

动作要点

向右倾倒时右手背后，左腿向后退一步。

胸大肌和胸小肌拉伸

将肘部抬高至与肩部同高，弯曲成直角。将手放在墙壁或类似的地方，伸展胸部。静止大约15秒。

拉伸胸大肌和胸小肌，同时注意旋转

这是重点关注肋骨、胸部和肩关节旋转的拉伸运动。肋骨打开的话，胸部和肩关节也会随着打开，拉伸到腹部。为了防止这种情况发生，请在伸展胸小肌和胸大肌时呼气，并稍微收紧肋骨。用另一只手压住侧腹部（腹外斜肌）并拉伸约30秒。

推荐的胸廓项目
来练习"仰卧拉举"吧

接下来,我们不仅要讨论胸大肌,还要讨论包括胸廓在内的"胸部"。胸廓在运动中扮演着多种角色,但出于训练目的,我们容易倾向于只关注"强化"胸廓。对于棒球投手来说,用这样的方法锻炼胸部很难直接提高成绩,所以他们往往会回避对这个部位的训练。

分解一下投球动作,如果惯用右手,投球前,后摆臂助力的同时左腿会迈向前方,右前锯肌和胸小肌收缩,将右臂向前拉。胸廓和胸椎的扩张和收缩在这里起到关键作用。换句话说,重要的是要认识到,为了提高棒球的运动表现,必须以灵活的方式使用胸部。

训练也是如此,投手锻炼胸部时,应该以"灵活运用"为前提,而不是锻炼坚硬的胸腔。以单纯增加胸大肌大小的想法进行训练,会产生相反的效果。

尽管胸部训练不需要优先于其他身体部位或进行专门训练,但确保胸部灵活性的训练是重要的。这里推荐仰卧屈臂下拉动作,在"肩胛骨周围和肩关节"一章中有提及。

棒球是双脚着地的竞技运动,因此最好选择双脚着地的训练项目。此外,仰卧屈臂下拉是一项极好的运动,不仅可以锻炼胸部,还可以锻炼背部和肋间肌。可以用多种方法做这个动作,但是颈部肌肉缺乏灵活性的人可能会发现躺在长椅上很难伸展胸部。这里推荐的方法是仅将肩膀放在长椅上进行练习,这种姿势为"交叉仰卧"。这个动作具有许多好处,不仅可以提高肌肉力量,还可以提高柔韧性,因此请务必将其纳入训练计划中。

基本姿势

将双肩放在长椅上。确保身体和长椅形成十字形(交叉)。脚的宽度大约是腰部的宽度。注意,如果双脚距离过大,身体就会被展开,这样举起哑铃时,就很难对前锯肌和腹外斜肌施加压力。双手手指握住哑铃,伸直肘部。尽可能降低腰部位置。

有意识地"拱起背部"

将抓住哑铃的双手下降至头部后方,再举至下巴上方。要注意过度降低手臂可能会导致肩部疼痛,因此要"拱起背部",而不是"降低手臂"。

◀哑铃过重也会使肩部疼痛,使用自己能力范围内的重量。

腋下张开时

稍微张开腋下可以有效锻炼前锯肌。

腋下合拢时

稍微合拢腋下可以有效锻炼胸小肌。

医生的观点　　"保持胸部的灵活性来支持肩部运动"

"为了提高球速,最好是当重心降低到投球出手的手腕弯曲的位置时,身体的前后肌肉能够保持良好的平衡。这个时候身体前部的肌肉发挥重要作用,而身体前部的肌肉指的不是胸部,而是肩部的前部。手肘抬起,手掌向后仰,准备将球投出时,肩关节前部的韧带伸展得最大。胸部肌肉发达到无法抬起手肘的话,我认为对比赛没有任何意义。

然而,胸大肌是肩部的支撑肌肉。胸小肌对肩部前部也有作用。为了保证胸小肌的灵活性而进行训练是有意义的。"(益子泰雅)

挖掘胸廓的动作极限
重视联动性的活动

很久以前提到力量训练时,脑海中首先浮现的就是仰卧臂屈伸或杠铃弯举等项目。如果考虑此类训练与棒球运动竞技特性的关系,则没有必要重视,但也不能忽视。

如果不以正确的方式锻炼胸部肌肉,可能会导致受伤。对于右手投手来说,最常见的问题是右侧前锯肌和腹外斜肌无法正常活动。包括这一点在内,一定程度的力量训练是有必要的。

此外,不仅是肌肉,肋骨、胸廓和肩关节柔韧性也较差的人,肋骨往往会展开。这使得投掷时无法用腹部来下摆动手臂,控制会变得不稳定。最终会陷入"无法使用躯干(核心)"的状态。在训练中,我们不仅要研究各个肌肉和关节,考虑它们如何协同工作也很重要。

胸部训练根据"训练方法",对棒球也会有帮助。不过,这里需要注意的是,不要强迫自己做哑铃推举之类的事情。在运动中,很少有动作是通过紧绷深层肌肉来施加力量的。

训练时,要放松并自然使用深层肌肉。可以想象将哑铃放在骨骼上去承重,而不是用肌肉。

注重协调性的训练,例如,用左臂推哑铃时右脚不接触地面,对最大化胸腔的活动能力是有效的。这里我们将介绍从形式上以胸为主,但实际上并不是以胸为主导的,发展协调性的练习。我们还将介绍利用腹部肌肉来承重的单腿单手哑铃卧推。

单腿·单手·哑铃卧推

10kg左右的哑铃就足够了。右腿伸直,用左臂进行哑铃卧推。如果没有腿部和腹部肌肉支撑,是无法举起哑铃的,也就无法锻炼到胸部。腹部肌肉承受的负荷和投球动作是相同的。要培养这种感觉。在另一侧也做同样的事情。还要注意,支撑点不对就会从长椅上摔下来。训练的同时也要关注安全问题,注意姿势,选择一个可以做12次的重量,做2~4组,每组6次。

速臂器卧推

这是一项拉伸和协调练习，旨在改善协调性和用力的时机。仰卧在长椅上，扭动腰部，将一条腿伸叠到另一腿上方，用手轻轻压住。背部形成一条轴，保持重心，有节奏地弹动手臂。

动作要点

哑铃的重量为 1～2kg。将头转向与胸部相同的方向。注意不要过度弯曲膝关节，以免导致身体的轴晃动。这个练习不仅可以锻炼胸部，还可以锻炼胸廓和肩胛骨，培养如何在扭转动作中发力。推荐做 30 次。另一边也要做同样的事情。

体育科学研究者的观点　"胸廓是让身体像鞭子一样弯曲的开始"

"投球时，腿部用力踩向地面，地面的反作用力通过腿部和躯干传达到上身。这个时候如果有一个像鞭子一样的身体，就可以投出很快速的球。

可以把胸廓看作让身体像鞭子一样弯曲的开始。要先让胸腔弯曲才能把球投向前方，所以挺胸做动作非常重要。仰卧屈臂下拉或者单手哑铃卧推等，不是将胸部固定住，而是联动多个肌肉的动作，符合投球动作需要。胸部在投球动作中与其他肌肉协调着发挥作用，因此不要用重物进行练习，用可以轻松活动的重量来锻炼是个好的选择。"（前田明）

运动员必须"谨慎处理"的项目 如何应对"仰卧推举"

仰卧推举可以说是投手要"小心处理"的项目。比赛需要一定水平的肌肉力量，为此，肌肉必须得到适当的训练和增强。然而要注意，如果错误地训练过肌肉，迄今为止所积累的技术技能效果可能会减半。

那么，运动员应该如何进行仰卧推举这一典型的胸部训练动作呢？仰卧推举的方法根据其目的而有所不同。比如，想要练出好看的胸肌，还是想提高肌肉力量？就运动员而言，最好将其定义为提高"推动力"的训练。

对于深蹲来说，它是"站立的力量"；对于硬拉来说，它是"拉动的力量"。这些"推""立""拉"对于人们发挥自己的力量很重要。和普通人一样，运动员也要通过训练，自然而然地让身体记住发挥力量的方法。

然而，在棒球运动中，很少有"推"的情况。因此，锻炼出的"推力"需要通过使用速臂器卧推，用到扭转的动作中。

还有在上半身的训练中，有时会错过发力时机。仰卧推举是全身固定的练习，所以举不起来杠铃杆的时候，力量不会被分散到其他地方，而是会施加到杠铃杆上。这时手腕有受伤的风险，不要勉强举起杠铃杆。

如果做不到猛地举起杠铃杆的话，还是建议不要再继续这个动作的训练了。在安全这一点，哑铃卧推比杠铃卧推更安全，因为哑铃可以被扔到一边或以其他方式躲避。

然而，随着训练的进展，许多运动员开始更喜欢卧推。考虑到棒球的竞技特点，比起卧推，更注重深蹲和硬拉，可以让球速更快、飞得更远。由于这项训练有受伤的风险，队员之间应避免在卧推的重量上相互竞争。

进行仰卧推举时，务必确保动作姿势正确。与深蹲和硬拉不同，这些动作随着举重量的增加，姿势会逐渐稳定下来，而卧推则不会如此。如果在轻重量阶段没有掌握正确的动作姿势就贸然增加重量，那么失败的风险会非常高。

下面我们就来讲解一下仰卧推举时的注意事项。首先不要强迫自己推举重量！一开始，做3组最多能举10～15次的重量。习惯之后，可以增加到你能举起8～12次的最大重量，也是做3组。动作的节奏要点是"不要放松且不要太慢"，下落时控制速度，然后爆发性地上举。每组最好间隔时间是1～3分钟。

实践时候的要点

轻握杠铃杆

将脚放在易于对整个腿部和臀部施加发力的位置。尽量将脚趾指向正前方。双手握住杠铃杆，双手距离比肩宽 1.5～2 个拳头。胸部可以稍微抬起，双臂伸展握住杠铃杆。将肩胛骨靠近，但无需收紧。握力要小，不要紧紧握住杠铃杆。放下杠铃杆的位置是胸大肌的下方附近。上举时，要用爆发力快速上举。

如果绷紧手臂并握紧杠铃杆，那么举起杠铃杆时，肩部就会活动。轻握杠铃杆，用躯干（核心）支撑自己，而不是手臂。

伸展胸部形成一个拱形

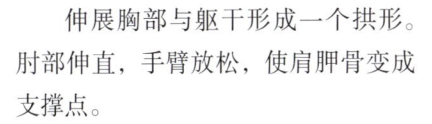

伸展胸部与躯干形成一个拱形。肘部伸直，手臂放松，使肩胛骨变成支撑点。

平躺在长椅上的话，躯干就无法承受压力形成拱形。伸展胸部靠的是肩胛骨的合拢。

进行哑铃平板卧推时

正确

和仰卧推举一样,手不要紧握哑铃,握力要松弛。小臂要与地面垂直。将手下降到能拉伸到胸部肌肉的位置,利用肩胛骨,以一个良好的节奏进行推举。

错误

肘部打开的话,小臂的力量会施加到手上,握住哑铃的力量会变强。这么做不会对胸部有效,反而会对肩部有效。

体育科学研究者的观点　"仰卧推举不应在重量上一决高下"

"我也认为队内球员在仰卧推举的重量上进行比赛是不合适的。野手的话可以这么做,但是投手需要学习的是可以灵活联动身体的各个肌肉,来提高运动表现力的训练。而不是像仰卧推举一样将胸部固定住的训练。想要在重量上一决高下的话,可以用深蹲或者锻炼腹肌等项目。"(前田明)

第九章

增强式训练

·培养肌肉和肌腱力量的训练·

将锻炼出来的肌肉与竞技表现相结合

让我们先驾驭跳箱

增加肌肉的尺寸并不一定等于提高了运动表现。训练出来的肌肉如何与竞技表现挂钩？有效的方法之一就是增强式训练。

增强式训练是一种利用肌肉伸长—缩短循环（SSC）的爆发性运动。这是一项以最大速度收缩肌肉并增强身体弹性的训练。

增强式训练具有代表性的项目是跳箱。虽然这是在箱子上，用髋关节、膝关节、臀肌和腘绳肌等吸收落地的冲击力的一个简单动作，但它可以培养爆发力，从而提高投球的速度。可以说，这对于投手是一种意义重大的训练。

动作的关键是双臂挥动有力，落地安静。仅仅能跳得高是不够的。跳高需要使用很大的力量，所以我们根本来不及考虑何时落地，但如果我们不能正确缓冲落地的冲击力，可能会导致受伤。先专注于手臂运动和减震，再追求高度。

增强式训练有许多不同类型，但让我们从掌握跳箱开始。这个动作最好是在髋关节和躯干（核心）周围的肌肉的训练之后进行。臀肌和腘绳肌等髋关节周围的肌肉负责吸收落地时的冲击力，而躯干（核心）则负责在跳跃时保持平衡。如果在开始增强式训练之前，通过训练激活这些肌肉，会更容易获得训练效果。

防止着地时发出"砰！"的声音

增强式训练快速活动的肌肉是腘绳肌、股四头肌和臀肌等浅层肌。因此，为了快速、笔直地向前运动，内收肌和臀中肌之间的平衡很重要。如果只有一侧发达，就需要内收肌来修正动作。例如，臀肌强壮的话，那么股骨就会被拉动，髋关节就会向外打开。如果只注重腘绳肌和股四头肌，将无法吸收落地时的冲击力，这会给膝关节带来负担。为了沿直线方向快速运动，并吸收着陆的冲击力，需要充分利用臀中肌和内收肌。

此外，增强式训练给人一种"最大限度收缩肌肉"的错觉，但也有很多人认为只要用尽瞬间爆发力就可以了。

即使可以发挥出爆发力并能够跳得很高，也并不能直接提高棒球的运动表现。重要的不仅是最大程度的肌肉收缩，还要提高动作的制动能力和再现性，以及吸收冲击的能力。如果制动性和再现性得到改善，控制力就会变强。当然，增加减震的能力也会减少对身体的伤害。

为此，首先需要做到着地不发出声音。着地时发出"砰！"的声音就说明跳的时候没有吸收冲击力。缓冲冲击力的能力还能调整出脚方式，所以除了减少伤害外，缓冲对于投手来说也极其重要。提高迈出脚对冲击力的吸收能力，有助于控制头部的位置，还能使身体旋转更充分。

虽然做力量训练，但没做增强式训练。不得不说，这样的人作为运动员是很亏的。这是因为他们在比赛中没有充分利用自己的肌肉力量。

另外，一个人如果进行了增强式训练但不关心力量训练，那么总有一天会达到增强式训练的平台期。如果进行增强式训练是为了提高运动表现，那么就应该同时进行力量训练，以增强帮助提高运动表现的肌肉。

▲在实战中，需要快速反应和判断。提高运动速度、制动性、再现性、减震等能力对比赛的动作表现有积极影响。

动作要点

做动作时保持背部挺直的状态。

推荐做 1 组，一组 5 次。
用与膝关节同高的一般障碍栏就可以。
感觉跳不动的时候就停下。

脚部不要太用力，在箱子上的中心部分轻柔落脚。
推荐做 1 组，1 组 8 次。

热身

增强式训练使用髋关节周围的肌肉，因此需要提前获得髋关节的灵活性和柔韧性。这是一种使用瑜伽球的热身方法。将体重集中在球上坐下，并尽可能地旋转腰部。左右各 10 次。

障碍栏跳跃

作为增强式训练入门的有效运动。

用足够的力量跳跃，腾空后膝关节触胸。

注意跳跃时在空中的平衡、踢到地面后瞬间反弹，以及上半身的细微调整。

跳箱

这个项目可以说是增强式训练的基础。关键在于手臂的摆动要充分。

挥舞手臂，想象身体轻盈地跟在手臂后面，跳跃。

错误

错误

错误示范：手臂摆动幅度太小；着地时整个脚掌没有贴在箱子上。

正确动作是手臂用尽全力摆动后跳起，着地时整个脚掌贴在箱子上且不发出着地的声音。

医生的观点　　"训练之前要充分热身"

"8月的下半月，不少孩子因为暑假进行了高强度的训练，身体变得僵硬，来到医院治疗。原因大多是过度劳累。

当人们专注于某件事时，他们容易只将注意力集中在那件事上。肌肉训练也是如此。当我在有训练的地方工作时，我意识到可能因为有时间限制，经常看到很多人没有做太多拉伸运动就直接参加训练。来到医院的孩子们可能是过于专注于练习，而忽视了拉伸等预防措施。

在跳箱等增强式训练中，冲击力被臀大肌和腘绳肌吸收。为了防止受伤，最好在训练开始之前彻底热身髋关节周围的肌肉。"（益子泰雅）

设定难易度并进行阶段性成长

当肌肉训练到一定程度时，收缩速度就会加快。即使不做增强式训练，只进行适量的力量训练也可以获得收缩速度。

然而，如果再继续训练，获得的肌肉越多，收缩速度反而会越慢。这就是经常发生即使通过肌肉训练使身体变得更强壮，但并没有对棒球动作起到效果的原因之一。

那么，仰卧推举之类的动作，减轻重量并加快上举速度会怎么样？这是培养力量的重要方式，但是竞技体育中，在支撑躯干保证平衡的情况下，需要更快的瞬间反应力。因此培养竞技体育所需要的速度，还是需要增强式训练。

▶髋关节在单腿支撑身体时比用双腿支撑身体时使用得更多。所以最好加入单腿训练项目。

此外，由于人体结构的原因，髋关节在用单腿支撑身体时比用双腿支撑身体时使用得更多。当能够一定程度上进行双腿跳箱后，最好逐渐引入单腿跳箱，这将在下一节中介绍。

增强式训练中，由于每个人的水平不同，很容易分辨出"会"与"不会"的差异。如果在动作不熟练的情况下强迫自己跳高，最终会调动大量不必要的肌肉。练习时，要循序渐进，有计划性地设定难度。

此外，棒球运动还容易导致肌力的左右差异。例如，在跳跃时若推蹬方向偏差，身体旋转可能会不如预期。此时，通过内收肌群和臀部肌肉来调整旋转方向，可以迅速恢复平衡。在训练中加入半回转等形式，观察自己在这种情境下的身体控制力，能够帮助提升运动协调性。通过增强式训练，身体会逐渐习惯在不平衡的肌力下调整动作，有助于改善平衡问题。因此，增强式训练在提高左右肌力差异下的协调性和平衡性方面是有效的。

错误 用单腿时，髋关节的使用程度多于双腿。因此，不能正确使用髋关节的人，单脚跳起后着地时往往会失去平衡。试着轻柔地跳跃和落地，想象用臀部吸收冲击力。

着地时，将整个脚掌落在箱子上，避免发出任何噪声。

控制在空中的动作并安静地着地。
无需连续做这个动作。推荐重复6～10次，每一次都认真对待。

着地无法与平台平行，想象在空中调整去做这个动作。

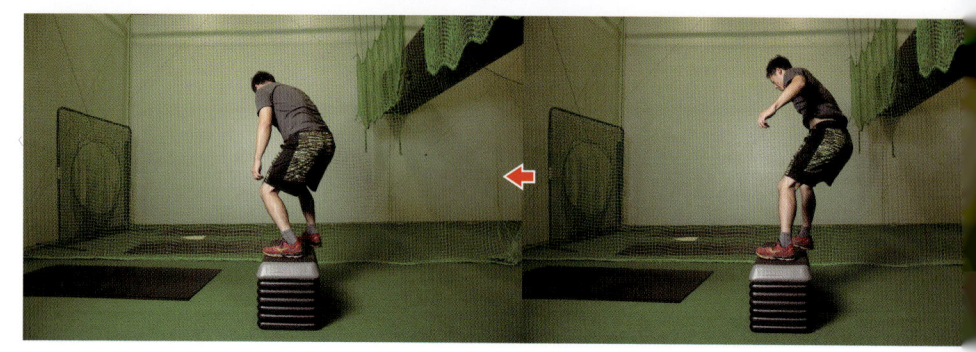

第九章 增强式训练·培养肌肉和肌腱力量的训练·

单腿跨栏跳跃

与"跳箱"类似，用力挥动手臂，想象身体轻盈地跟在后面，跳跃。一般做1组，1组8次。完成一条腿的指定次数后，再做另一条腿。还可以做1组16～18次，以改善心肺功能。

身体旋转90°跳箱

需要注意的一点是旋转幅度。不是在起跳前考虑着地位置，而是在跳跃的瞬间决定旋转的幅度再着地。

如果在跳跃之前决定旋转幅度的话，可能会旋转过多或旋转不够，从而使着地难以与平台平行。 错误

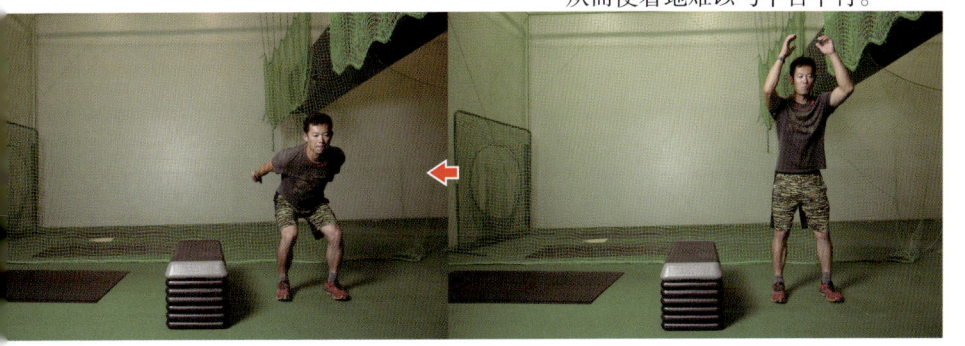

123

踩上箱子时不要发出声音。
全脚掌接触箱子，用臀部和腘绳肌做缓冲。

第九章 增强式训练·培养肌肉和肌腱力量的训练·

二段式跳箱

使用两个不同高度的箱子进行跳跃训练。用力摆动双臂,轻盈跳下。

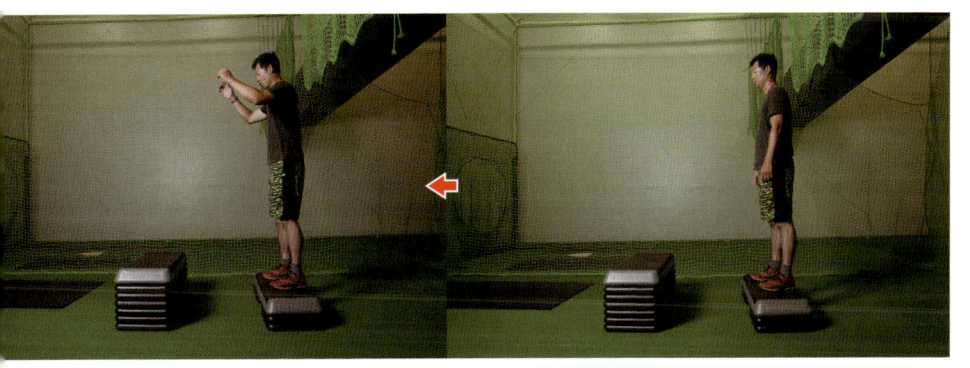

降低腰部,然后摆动手臂并再次跳跃。挥动手臂,身体轻盈跟在后面起跳。尽量不要对双腿施加太大的压力,并轻盈地跳上箱子。做1组,1组8次。

着地时,应降低腰部,为下一次跳跃创造助力。
不降低腰部,用力踢地是无效动作。 **错误**

125

建议一次一次地跳，跳 6～10 次。

想象在空中控制身体。不是在起跳前决定旋转幅度，而是跳起后用手臂和上半身调整身体旋转。和其他"跳箱"一样，安静地着地。

医生的观点 ——"预防损伤的3个方面"

"因为秋天会举行运动会等其他活动，所以一年中的这个时期，肌腱和其他损伤的人数会变多。许多成年人在秋天积极参与体育运动。因此，那些因某种受伤而来医院的人，大多为30多岁、40多岁。

另外，我在健身房等训练场所工作时，发现有相当多的人不做拉伸运动就直接进行力量训练。力量训练会给人们的薄弱部位带来负担，如肩部、肘部、膝关节等，并且会导致疼痛。力量训练对于增加肌肉力量是有效的，但如果在开始前不进行热身的话，肌肉量多的人可能会容易受伤。

通过与力量训练同时进行增强式训练，提高肌肉的柔韧性。并且，要确保在增强式训练前热身髋关节。从预防受伤的角度来看，上述3个方面非常有效。"（益子泰雅）

身体旋转 90° 二段式跳箱

"身体旋转 90° 跳箱"的应用篇。动作要点是扭转身体。

用水袋负重进行深蹲起跳

使用装满水的负重水袋进行深蹲起跳。与常规的深蹲起跳不同,负重的方向不是恒定的,因此可以更好地活动到肩胛骨周围的肌肉,培养重心的稳定性、跳跃时保持平衡的能力以及如何活动双腿的能力。

这是跳箱动作的变形,可以将水袋抱在身体前面。扛在肩上的话,会变成由躯干和下肢对水袋运动的控制。如果抱在身前,就能使用肩胛骨周围的肌肉,用手臂控制水袋。可以做这个动作来提高肩胛骨周围的稳定性和力量并强化手臂。

用水袋负重进行敏捷性训练

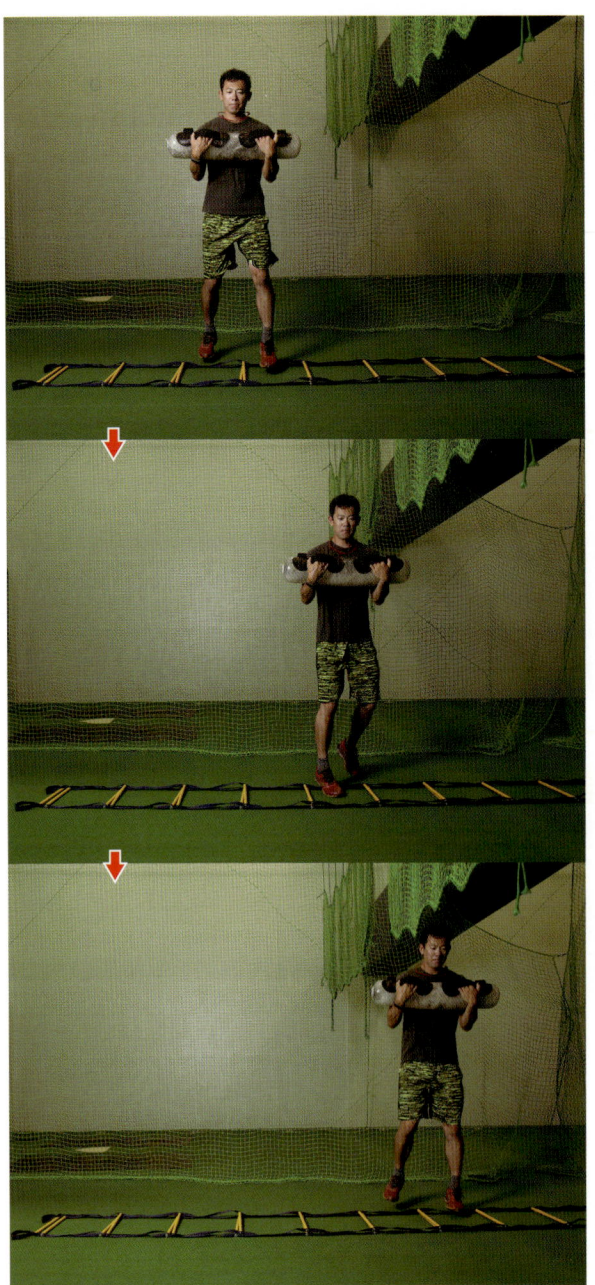

◀ 抱着负重水袋，双脚前后快速交叉替换，抵抗住水袋的阻力。

◀ 通过训练敏捷梯和负重水袋的组合，能抑制身体多余的动作，并且消除手脚对身体的控制。照片中虽然展示的是人的正面，但是动作本身还是要有"扭转"的。想象上身和训练敏捷梯保持平行并跳跃，还要抵抗"扭转"的力量，并在训练敏捷梯内移动。

◀ 实际做了动作之后，会发现很难"横向移动"，所以可以在培养平衡力的同时培养身体的轴心。负重水袋可以用2L装满水的矿泉水瓶代替。

第十章

最终章特别篇

·向着更高阶段成长的小贴士·

思考投球手所需的"手指力量"

手指的作用是将躯干产生的力量传递到球或球棒上。本章中，藤谷周平选手和佐藤贵规选手将以访谈的形式讨论对投手来说必要的手指力量及其锻炼方法。

藤谷周平选手曾效力于北爱荷华大学棒球部和培养出众多大联盟球员的南加州大学棒球部，之后以"反向引进的投手"身份加盟千叶罗德海洋战队。佐藤贵规选手高中参加过棒球活动，到2017年为止都是活跃在日本健美界的顶级选手。

"手指力量"是投手的生命线

——藤谷选手在北爱荷华大学和南加州大学接受过哪些训练？

藤谷：我以前经常做深蹲和硬拉。我深蹲的方式很独特，是从蹲姿开始的，虽然无法承受高负重，但我认为这可以降低受伤的风险。这个动作我通常负重100kg做十几次，进行5组左右。击球手会做卧推，但投手并没有进行这一项目。我认为卧推本身是一项很好的训练。然而，很少有人能做出正确动作，所以将它从投手的训练项目中删除了。

——那么，上半身的训练项目呢？

藤谷：手臂的话，投手们通常会做肱三头肌的俯身臂屈伸练习，但没有人做手臂弯举。人类的手臂比腿更灵活，用手臂做动作会更容易，但是如果习惯这种轻松的控制方式，投球动作也会变得类似。依赖手臂的结果是受伤增多，运动表现会不稳定，投出的球也会变弱。我认为应专注于训练下半身，培养下半身力量的爆发，并使手臂尽量放松地投球。

并不是所有棒球选手的臂力都很强，也不是投手就必需要有强大的臂力。柔韧性高的人能有效缓冲冲击力，因此不易受伤；而关节僵硬的人更容易受伤。考虑到多种因素，不能简单地说臂力强就好，臂力弱就差。

有些投手会在肩部的深层肌肉训练后做简单的侧平举。我还会做手腕弯举，指力训练的频率通常为每周3～4次。我认为手指力量极为重要。在从地面获得力量传递到脚，再通过核心稳定、借助离心力挥臂的过程中，

| 第十章 | 最终章特别篇·向着更高阶段成长的小贴士 |

手指需要作为"刹车器"来将力量传递到球上。如果无法做到这一点，球可能会缺乏力量，尤其在赛季末期疲劳累积时，控球力也会下降。这也是为什么投出的球速很快，但是会被击中。指力对投手来说至关重要，甚至可以说是他们的生命线。

藤谷周平

ふじや・しゅうへい（Fujiya·Syu-hei），1987年8月12日出生于东京都。前千叶罗德海洋战队投手。Gold's Gym 四谷东京店店铺负责人。7岁移居美国，就读于尔湾高中、北爱荷华大学和南加州大学，之后于2010年受到职业棒球养成计划的指名加入千叶罗德海洋战队。退役后，自2015年起，一直担任 Gold's Gym 棒球队的球员兼教练。

——至于训练方法，与身体其他部位相同就可以了吧？

藤谷：手指的力量是无法量化的。即使锻炼了，手指不会变粗，也不会像深蹲那样负重增加。进入大学后，我才开始进行手指训练，但说实话，一开始我怀疑：这样做有什么意义吗？然而，持续锻炼1年、2年……手指向球施力的方式就会发生改变。以前，我的球速只能在大约140km/h，但到了大学三年级，我的球速提高到了154km/h，我成了一名只靠扔直线球就不会被击中的投手。

佐藤：手指上的肌肉又长又细，而且有很多肌腱。训练期间用力过大会给肌腱带来压力。一旦肌腱开始疼痛，就需要很长时间来治疗。因此，需要注意力量强度和活动方式等。此外，虽然手指的力量很难量化，"捏力"（手指伸展时捏住的力量）和"握力"（握持的力量）在训练方法上应该有所不同。根据竞技运动的特性来选择训练项目是很重要的。

——挥动手臂时，手指会被离心力带走。在这种情况下，关键是"承受的力量"还是"手指推压的力量"？

藤谷：我认为是"持久力"。虽然球朝正前方投出去，但是离手瞬间会有一种手指向下抑制的感觉。如果没有这种感觉，球就会往上飞。我在役期间曾练到即使有人试图拉走我指间夹着的球，球也不会脱手。但这并不完全是"握力",更像是一种用手指维持的"持久力"。

身体只能展示其弱点的能力

——什么类型的训练可以有效地增强持久力?

藤谷:我上大学的时候经常做手指引体向上。必须使用专用的绳子绕在手上来做引体向上,手指会很痛。我一开始很讨厌这个训练,然而习惯了之后,我开始把绕绳子的位置从第三个关节(手指根部的关节),变成第二个关节,再就是第一个关节(指尖的关节)。还尝试了减少缠绕的手指数量。结果球速确实也增加了。我大学时的投球教练是汤姆·豪斯(Tom House),他与诺兰·莱恩(Nolan Ryan)共同创作了《投球圣经》。他经常说:"身体只能展示其弱点的能力。下半身柔弱的话,即使肩部很强,也只能发挥下半身的能力,球速就不会变快。"所以,也许我的手指力量较弱,但通过加强它们,我便可以发挥出其他的优势,并提高球的速度。

——实际上,承受离心力持球的方式与引体向上的动作一致吗?

藤谷:我想是一致的。汤姆·豪斯做了很多研究,这是他当时认为最好的训练方法。由于要进行"10次×多组"的训练,因此必须在最后阶段积累一些动力,否则将无法做引体向上。

想激发出力量,要有足够的手指力量来承受那股劲。我想,这个训练让我有了"承受的能力"。

——您还接受过哪些其他训练?

藤谷:我还做了一个叫作"米桶练习"的训练。将1~20kg的大米放入大桶之类的容器中,握紧大米,从上方向桶底一边深入一边扭转,到达桶底后再从下到上这样反复地运动。我

佐藤贵规

さとう・たかのり(Satou・Takanori)出生于1979年。22岁作为健美选手出道。荣获过如下国内外的健美成绩:日本分级别锦标赛冠军、东亚锦标赛65公斤组冠军、日本锦标赛第五名、世界锦标赛第七名等。现任THINK FITNESS有限公司营养品开发部门主任。

第十章　最终章特别篇·向着更高阶段成长的小贴士·

▲投球时，手指应充当"制动器"，将力量传递给球。对投手而言，手指是重要部位。

会做到我的手被塞得无法再打开为止。一共做3组。投手仅锻炼惯用手，野手则锻炼双手。

佐藤：手指的肌肉很小，所以无法发挥很大的力量。这就是为什么不能通过高负荷和低重复次数的锻炼来锻炼手指。像米桶练习一样，不断地重复动作，逼迫手指到无法动弹为止是一个有效的方法。

藤谷：这是大联盟球员也在进行

133

的训练。我们当时是3人1组，第一个人动不了之后，立刻换到下一个人开始……用的是这种轮换制度来训练。30秒左右，双手就无法活动了。我大学时用的是像泰国米一样又长又细的米。如果要用日本的设备替代的话，可以用沙场上的沙子，但需要戴手套，以防止沙子进入指甲缝隙。

手指的肌肉很小，所以无法发挥很大的力量。比起高负荷和低重复次数的锻炼，不断重复动作，逼迫手指到无法动弹为止是一个有效的方法。

锻炼"手指力量"实践篇

手指引体向上

进行引体向上时，不要紧握杠杆，要将手指挂在杠杆上。不要只用手臂的力量拉起身体，确保在练习时运用到肩胛骨。不要让肩部抬起。

将手指的第二个关节挂在杠杆上。如果每组10次的训练可以完成3组，那么尝试悬挂手指第一个关节进行引体向上。

LEVEL UP（动作进阶）

一旦可以轻松做到上述训练，请尝试将手指数量减少到2或3根。不过，没必要急于提高动作强度，因为这会增加肘部的压力。

对于不会引体向上的人

对于一开始就做不了引体向上的人,就尝试双脚着地,做斜身引体。保持身体挺直,不要弯腰。确保肩胛骨也能充分地活动。

如果使用健身设施,则可以用高位下拉机(背阔肌训练机)来替代。

米桶练习

这是使用桶状容器进行的训练。将大米放入一个足够深的容器中,深度大约为可以埋没前臂的程度,然后从上方紧握并挤压大米。

练习时要想象自己"扭转手腕碾碎米粒"的动作。当手指触到底部后,保持相同的动作将手臂逐渐抬起,直到手指无法再张开为止为一组,共进行3组。

把力量训练当作"处方"的方法

向白坂契教练员请教

白坂契担任过千叶罗德海洋战队和读卖巨人队的训练教练，他想对运动员说：力量训练既可以是良药，也可以是毒药。棒球运动员如何与训练相辅相成？白坂教练的见解作为最终章特别篇内容收录在本书中。

白坂契（Shirasaka Hisashi）
1961年5月10日出生于东京。从日本体育大学毕业后，曾担任初中教师，之后进入健身行业。2001年，加入千叶罗德海洋战队，负责体能调节训练。2006年，转入读卖巨人队担任训练教练，留任至2015年赛季。自2016年以来一直任职于Gold's Gym，并担任Gold's Gym棒球队的教练。2017年，在韩国三星狮队担任训练教练2年。2019年回到日本，恢复在Gold's Gym的工作。

摄像协助/FITNESS SPORT有限公司

对球员解释说明我们为什么要进行这个训练 并在确保他们理解后给予指导

我于1987年进入健身行业。当时健美操蓬勃发展，同时器械训练也传入了日本。这时，器械训练比自由力量训练更流行。那时因为经济蓬勃发展，健身行业充满活力。

我第一个工作就是在由Saison集团运营的一家叫作"彩带馆（Ribbon-kan）"的地方。当时，Saison集团也正处于扩张时期，开展了各种各样的业务。作为扩大事业的一部分，要创建一个超高级的会员俱乐部，于是我被分配到了"乌拉库奥雅玛酒店（Uraku Aoyama）"。这是一家面向高收入群体的酒店，是Saison集团和NTT集团的合资公司，这里还有东京女子医科大学的一个分校，我在那里与心脏病学医生和骨科医生一起工作。

另外，因为我的上司是西武狮队的训练教练，所以我负责照顾正在接受康复治疗的企业棒球队的运动员。乌拉库奥雅玛酒店配备了当时最先进的设备，我从那时起就开始使用等速机和流水泳池等设备对运动员进行康复治疗。一位前《报知新闻》记者也在酒店里，他观看了我的工作并总是评论道：你应该成为一名专业人士。

那位记者负责读卖巨人队，与当时千叶罗德海洋队的主教练山本巧儿关系也很好。有一天，他邀请我一起去观看训练："走吧，一起去看看。"我觉得这是个学习的好机会就去了。在向山本教练打招呼时，他和我握手并说了句"拜托了"，看上去很好笑。当时球队正好在寻找训练教练，可能山本教练和那位记者之间已经谈过了。我意识到这是个转机，于是答复道"请多关照"，就这样，我在2001年成为千叶罗德海洋队的训练教练。

当时，太平洋联盟拥有完善的设施，并开始积极引入重量训练，以发现和培养有潜力的年轻球员。我刚加入千叶罗德海洋队时，有很多伤病球员，我注意到球员的躯干（核心）肌肉很弱。记得那是一个秋季联赛空白期，我们先开始彻底地锻炼了躯干（核心）肌肉，也就是所谓的核心训练。对于运动员来说，让他们正确地控制身体很重要。

核心训练包含多种方法，有稳定类练习，也有收腹类练习。我将这些练习组合起来，设计每天不同的训练项目。每天都会先进行这些核心训练，确保核心稳定后，再进入重量训练，最后进行技术练习。

随着训练的推进，球员的身体逐渐稳定，轴心不再容易偏移，受伤的概率也降低了，从而能更好地进行技术练习。球员们逐渐意识到躯干（核心）训练的重要性，自发地加强躯干和下半身的训练。

当时有些球员完全不进行训练，但通过一点一点地帮助他们取得小的成功，整个团队开始朝着正确的方向进步。在训练指导中，仅仅单向指示是没有效果的。让球员理解为什么要进行特定的训练项目，解释其背后的原因并让他们理解是成功指导的关键。

髋关节缺乏柔韧性会导致受伤还会阻碍身体功能的运用

我不打棒球，这对我反而有利。我总是能够从"为什么"的角度来思考。为什么能把球扔得这么快？为什么能打出这么远的球？因为我不打棒球，所以我必须研究每一个动作的机制。

在投球和击球中，棒球运动从平移运动转变为轴的旋转运动。通过将横向的移动转化为旋转来传递力。这时，肌肉如何发力、制动并影响旋转运动呢？当开始分析这些时，我发现了很多。例如，一个优秀的投手会这样投球，而肘部受伤的投手则会那样投球。

当右手投手开始投球时，他的脚踩在本垒板上并踢地，产生平移运动，然后左腿吸收该能量。这时就需要肌肉来吸收这些能量，但如果吸收不了这些能量，就会过快伸展。

身体伸展的原因有很多。肌肉力量不足就是其中之一，也有可能是髋关节的灵活性不足。教练必须观察、接触并确定问题的原因。

如果只是警告运动员"你的姿势不对，身体伸展了"，他们就会发力，身体反而会变得更加伸展。其实并不应该这样，教练要告诉运动员身体缺少了哪一个环节才导致身体伸展过早。需要解释这一点并让他们理解。

2006年，我转到读卖巨人队。当时训练的重点是提升躯干稳定性、髋关节灵活性及肩带运动。

髋关节缺乏灵活性不仅会导致受伤，还会阻碍身体性能的发挥。例如，史考特·马锡森（Scott Mathieson）在读卖巨人队效力至2019年。2012年来到读卖巨人队时，他在宫崎进行自主训练时，将一记死球击中了队友的头部。

他是一名右手投手，球经常偏出右上角，其原因是髋关节僵硬，身体没有充分旋转，球就出手了。

因此，我让他每天进行髋关节的内旋拉伸。即使是赛季中，依然每天拉伸。

训练的结果是原本会往右上方投球的选手，可以投出右侧击球手的低外角球。并且由于出球点前移，即使球速相同，球的威力也发生了变化。

马锡森选手在美国接受了3次尺骨附属韧带重建手术。他的身躯庞大，富有强大的力量。因此，如果动作不好，就会给肘部带来负担，肘部自然会开始疼痛。然而，如果髋关节灵活，这种情况就不会发生。正因为有力量，髋关节的灵活性就更为重要。

许多肘部受伤的运动员往往会伴随髋关节内旋僵硬的情况。髋关节僵硬的选手就会出现腘绳肌等肌肉的拉伤，根据我的经验，患有腘绳肌拉伤的运动员，通常髋关节是僵硬的。

甚至有一段时间，我们邀请了跨栏运动员，学习了他们的训练项目。因为动态拉伸比静态拉伸更适合增加髋关节的灵活性，我认为跨栏运动员的热身最适合棒球训练前的动态拉伸。

增加内旋的灵活性尤为重要。髋关节和肩关节都是球窝关节，可以转向各个方向。换句话说，关节必须处于允许它们向各个方向移动的状态。经常说的"肩部撞击症"的原因是某一部位的肌肉挛缩，骨头被牵引，关节无法向各个方向转动。髋关节也是一样的。进行竞技体育时，彻底放松髋关节周围的肌肉是非常重要的。

正确制订力量训练计划延长运动员的职业生涯

我重点看运动员们的站姿是否正确，任何运动项目的运动员都是如此。"正确地站立"意味着保持正确的姿势。

倾向于外展身体的运动员往往重心位于脚跟。对于这些运动员而言，需要开始练习正确的站姿。

如果运动员在没有正确站立的情况下进行深蹲，那么肌肉也不会得到相应的训练。对于这些运动员，应首先进行双脚站在平衡气垫上并利用自己的体重进行缓慢深蹲的训练。刚开始，重心靠脚跟的人会感觉自己要向后摔倒，通过用自己的体重在平衡气垫上进行深蹲来进行姿势的修正，逐渐能够在平地上做出正确的迈步动作。

在下一个阶段，背负杠杆进行深蹲，就能够顺利且以良好的姿势下蹲，同时能够调动深蹲所需的肌肉。

棒球也是一项容易造成身体左右两侧出现差异的竞技运动。个人认为，训练计划应该周期化（周期训练），并且在休息期间进行平衡左右肌肉力量的训练。例如，如果赛季在10月中旬结束，那么休息后直到12月的训练应该先增强肌肉。

在1月加入对速度有效的肌肉训练，并将其转化为力量。

在2月进行集训，实际技术训练就会变多，所以在练习时要掌握与竞技特性相符的肌肉使用方法。持续这么做的话，就会形成适合这项运动的理想的不平衡状态。这并不一定意味着身体的左侧和右侧是均等的。我认为，在赛季中维持这种不平衡状态才是理想的。

由于赛季期间的训练目的只是"保持"，所以训练量会比休赛期少。在赛季期间，必须保持良好的状态才能发挥出最好的运动表现，因此一个保证最低限度、必要的动作训练计划是很重要的。这时如果训练强度过大，带着肌肉酸痛去训练，也不会取得好成绩。

如果方法正确，力量训练可以是"良药"；但如果方法不当，则可能是

◀ 白坂契任职读卖巨人队时，通过对史考特·马锡森（Scott Mathieson）的指导和对髋关节的拉伸实践，改善了他的投球姿势。两人之间建立了深厚的信任。

"毒药"。棒球其实也不需要卧推训练。为了打好基础，上半身和下半身各进行3组练习就足够了。对于野手来说，上半身做仰卧臂屈伸、高位下拉和杠铃划船，下半身做深蹲、硬拉和弓步。对于投手来说，上半身进行仰卧哑铃臂屈伸、高位下拉和杠铃划船，下半身的训练与野手相同。以上训练对于打棒球来说足够了。当然，还要每天做肩部的调节训练。

进行力量训练后力量反而变差的运动员可能是锻炼了他们不需要的肌肉。如果正确地进行力量训练，肯定会延长运动员的职业寿命，并且可以防止运动损伤，并提高运动表现。但是，如果不了解竞技运动的动作机制就进行训练，会锻炼多余的肌肉。日本和美国有很多喜欢仰卧臂屈伸的运动员。

巴比·瓦伦泰（Bobby Valentine）担任主教练时，指导过诺兰·莱恩（Nolan Ryan）的汤姆·豪斯（Thomas House）、纽约大都会队的体能教练巴里·海登也受邀来到了千叶罗德海洋战队。我经常和他们探讨，得知美国运动员也喜欢仰卧臂屈伸的事实，他们还说明明不需要锻炼胸肌，但运动员就是想做。

然而，对自己的训练有一定控制力的运动员和专注仰卧臂屈伸的运动员的训练结果自然不同。不过也有说法是如果一名球员训练过度，他的动作就会出问题，他就不能击打近身球

或者击球没有力量，所以自然会停止做仰卧臂屈伸。

过去，运动员可以在不进行力量训练的情况下持续参加一年的比赛，这是因为肌肉是通过比赛中的技术训练培养起来的。

不过，过去的运动员和现在的运动员的区别就在于职业寿命。过去，很多运动员在30岁出头就要退役，但现在，有些运动员到40多岁也可以继续比赛。可以说，这就是训练带来的进步。

为了让力量训练成为一剂"良药"，需要客观地了解应该锻炼哪些肌肉及进行什么样的训练。对于教练来说，指导运动员哪些要素是必要的及如何有针对性地进行相应的训练也很重要。长此以往，会有明显的训练效果，运动员自然就会开始倾听教练的建议。

▲大多数肘关节疼痛的选手，都有髋关节内旋僵硬的倾向。并且，髋关节灵活性低是腘绳肌拉伤的原因之一。

后　记

　　动作表现由"肌肉质量""肌力""状态调节""技术"等构成，任何一个要素都是必不可少的。锻炼肌肉的力量训练和肌肉的增强式训练等速度训练，应该和投球等技术训练作为一组搭配进行。完成全套训练，才能说这是为了打棒球而做的训练。如果训练环境无法进行投球训练，那么在力量训练之后一定要做跳跃或跑步等速度训练。

　　此外，要设定训练的休息日。进行力量训练和增强式训练之后需要休息两天，并在休息的两天里进行投球等技术训练。通过技术训练来缓解力量训练等带来的身体压力，准备投入下一组训练。

　　一般而言，棒球的运动损伤原因有二：一是来自投球方式，二是来自训练的负担。也可以说，多数情况下就是训练量过大而导致的运动损伤。因此，训练需要集中在一天进行，并在达到肌肉极限时结束。一旦运动员可以做到增加次数，那么就可以考虑阶段性增加训练强度。

　　请务必在同一天进行肌肉的力量训练和增强式训练，并在第二天进行强度较小的训练来恢复身体，尤其是投球手，其投球动作承受的压力是击球动作的 5 倍，所以一定要注意投球和训练是否过量，防止受伤。

铃木雅
星野真澄

监制

铃木雅
すずき・まさし
（Suzuki・Masaki），1980 年 12 月 4 日出生于福岛县。高中时期参加过棒球部；2004 年作为健美选手出道，2005 年荣获东京锦标赛冠军；2010 年在能够被认证为日本健美第一的日本锦标赛中获得冠军，截至 2018 年蝉联 9 次冠军。2016 年获得了 80kg 级别的阿诺德经典业余锦标赛冠军和 80kg 级别的世界锦标赛冠军，站上了两个世界级比赛的顶点。作为 THINK FITNESS 有限公司的 GOLD'S GYM 训练研究所所长和高级教练员，负责对日本全国的 GOLD'S GYM 进行指导。

星野真澄
ほしの・ますみ
（Hoshino・Msumi），1984 年 4 月 4 日出生于埼玉县埼玉市。从埼玉荣高中和爱知工业大学毕业后，加入过 VITALNET 企业棒球队与日本棒球挑战联盟的信浓大髭羚队。2009 年由职业棒球养成计划以排名第一的指名进入读卖巨人队。2010 年成为日本职业棒球注册球员。2012 年第一次获得了职业棒球的冠军，成为第一个从独立联盟通过指名进入职业棒球的冠军投手。职业棒球退役后，2015—2019 年担任 GOLD'S GYM 棒球队的选手兼投球手教练。在籍的 5 年间，获得了 4 次全国大赛的出场机会（最高成绩为大赛 4 强）。

益子泰雅
ましこ・やすまさ
（Mashiko・Yasumasa），1969 年 2 月 14 日出生于埼玉县川口市。从帝京大学毕业后入职帝京大学沟口医院整形外科，跟从三木浩医生学习关节相关治疗，跟从出泽明医生学习脊椎、腰痛、体育医学方面的治疗。之后又在绫濑福利医院、荒川名仓医院等地就职，于 2009 年 8 月成立了益子骨外科医院。为了健康管理和支援训练，经营着 GOLD'S GYM 东浦和埼玉店，为运动员的训练和老年人的健康支援提供了广泛的服务。

前田明
まえだ・あきら
（Maeda・Akira），1965 年 4 月 10 日出生于宫崎县日向市。研究生毕业于鹿屋体育大学体育学专业，2001 年获得博士（医学）学位，现担任国立大学法人鹿屋体育大学校长助理（担任体育运动表现的研究），以及鹿屋体育大学运动表现研究所所长、体育生命科学系教授、日本体育表现学会理事长。

协助者：白坂契、藤谷周平、佐藤贵规